POWER OF ART

화술의 힘

CONVERSATION

화술의 힘

초판 1쇄 발행 | 2004년 1월 10일

초판 3쇄 발행 | 2005년 3월 30일

지은이 | 전성일

편 집 | 최소영

일러스트 | 김행용

펴낸이 | 임종관

펴낸곳 | 미래북

주 소 | 서울특별시 용산구 효창동 5번지 421호

전 화 | (02)738-1227

팩 스 | (02)738-1228

신고번호 | 제302-2003-00026호

ISBN 89-954243-2-X 03320

책값은 뒤표지에 있습니다.

POWER
OF
ART

화술의 힘

전성일 지음

CONVER
SATION

미래북

능숙한 화술은 패배를 승리로 바꾸어주고,

사교나 비즈니스에서 성공할 수 있도록

자신감을 심어줄 것이다.

머리말

현대인은 언어의 홍수 속에서 살고 있다고 해도 과언이 아니다. 우리는 잠에서 깨어나면서부터 잠자리에 들 때까지, 좀더 과장하자면 잠재의식 속에서도, 하루를 대화로 시작해서 대화로 끝낸다. 인류가 생존한 이래로 우리 생활환경의 모든 테두리는 말(대화)로 가득 차 있는 것이다.

특히 현대의 우리들은 많은 사람들을 만나 수많은 대화를 나누며, 회합이나 비즈니스, 여타의 만남에서 많은 청중이나 소수의 집단 앞에 나설 기회가 점점 많아지고 있는 것이 기정사실이다. 가정이 직장에서 혹은 다른 모임에서 능숙한 회술은 완벽한 인간관계를 엮어줄 것이다. 곧 화술의 능력에 따라 인간관계나 비즈니스에서의 성공 여부가 결정된다고 할 수 있다.

자기 표현이나 의사 전달의 대표적인 수단은 말이고 화술이다.

특히 화술에 있어서 우리가 무심코 받아넘기지만 세밀히 살펴보면 어떤 법칙들이 성립되어 있음을 알 수가 있다. 그런데도 사람들은 이런 법칙을 무시하고 저마다의 체험을 자기 방식대로 표현하고 있다. 그러기에 다양한 성격을 가진 여러 사람에게 말하는 사람이 의도한 대로 의사를 전달하기란 매우 힘들다. 이것은 결국 서투른 화술에 그 원인이 있다고 생각된다. 서투른 화술에 의한 자기 표현으로 인해 자신

POWER

의 능력을 충분히 발휘하지 못하고 인정받지 못한다면 그처럼 애석한 일이 어디에 있겠는가.

　올바른 자기 표현의 화술은 상대방의 마음을 움직여서 자기 주장대로 이끌어 협력하게 만드는 설득력을 갖는다. 이것은 우리에게 꼭 필요한 화술의 능력이기도 하다. 설득의 화술도 결국은 올바른 자기 표현의 화술에서 얻어지는 것으로, 화술의 능력에 따라 새로운 인간관계가 만들어지며, 자신의 인생 성패가 좌우된다고 할 수 있다.

　말을 잘하려면 우선 적극성을 가져야 한다. 그리고 화법의 체계적이고 올바른 이론을 터득하고 꾸준히 연습을 한다면 누구나 화술에 능숙해질 수 있다. 능숙한 화술은 패배를 승리로 바꾸어주고, 사교나 비즈니스에서 성공할 수 있도록 자신감을 심어줄 것이다.

　이 책은 일상생활에서 부딪치는 화술의 문제에 대한 충실한 해답서이며, 부드러우면서 알기 쉽고 흥미 있게 하나하나 예화를 들어 종합적으로 체계화했다. 그리고 현대사회의 커뮤니케이션의 중요한 수단이 되고 있는 전화 화술에 대해서도 이해하기 쉽게 예제를 들어 상세히 나열해놓았다.

　끝으로 이 책의 취지에 따라 화술을 활용함으로써 독자 여러분이 화술에 대한 자신감을 키워 인생에 성공할 수 있을 거라는 생각으로 집필했으며, 따라서 독자 여러분께 도움이 된다면 더없는 보람을 느낄 것이다.

전 성 일

Contents

1. 화술은 인생의 동반자 – 12
화술의 묘미 13 / 인간은 모두가 우월하다 14 / 자기를 살리는 방법 15 / 성공적인 자기 암시법 17 / 희망적인 생각이 성공의 지름길 18 / 화술로 상대를 안심시켜라 20

2. 화술의 기본 조건 – 24
대화의 목적을 다시 한 번 정리한다 25 / 요점을 파악하여 정리한다 27 / 풍부한 어휘도 화술의 한 부분이다 29 / 군더더기 말은 삭제하라 31 / 바른 자세도 화술의 한 부분이다 32 / 무언의 화술법 34 / 차분한 화술법 35 / 효율적인 화술법 37 / 듣기를 잘하면 유익하다 39 / 3분간의 화술법 41 / 포인트는 서두와 결론에 두어라 43

3. 자기를 당당하게 표현하는 화술 – 46
승부는 화술의 내용에 있다 47 / 예제를 활용하는 화술 49 / 풍부한 화젯거리를 활용하라 51 / 공통된 화제를 찾아라 53 / 히든카드를 지녀라 55 / 병 주고 약 주는 화술 57 / 웃는 화술은 효과가 크다 60 / 넌센스를 이용한 화술 62 / 위트 있는 화술 64 / 유머 감각은 화술의 모체 65 / 화술은 목적이 있어야 한다 68 / 충고의 말은 부드럽게 하라 70 / 대화는 쉬운 말로 시작하라 72 / 말의 묘미는 생략에 있다 74 / 말의 핵심을 강조하라 76 / 화술에는 다양한 재료가 필요하다 78 / 이야기는 일관성 있게 해라 79 / 듣게 하는 화술의 요령 82 / 시간에 맞춰 이야기하라 85 / 주제를 벗어난 대화를 삼가라 87 / 주장은 분명하게 하라 88 / 모든 판단은 상대방이 한다 90 / 적극적으로 들어라 93 / 상대방에게 반응하며 들어라 96 / 잘 들으면 거기에 해답이 있다 98 / 거짓 없는 인용은 화술의 포인트 101 / 이해는 곧 화술의 원천이다 103 / 주제를 빨리 파악하라 105

마음을 움직이는 화술의 힘

4. 성공적인 화술 - 108
상대방에게 이야기할 기회를 주어라 109 / 실패담으로 상대방의 호감을 사라 110 / 상대방의 실수를 감싸라 112 / 상대에 따라 화술을 바꿔라 113 / 화술을 효과적으로 구사하라 116

5. 적재적소에 사용하는 화술 - 120
인사는 모든 화술의 시발점 121 / 마음으로 표현하는 화술 123 / 돈독한 인간관계는 오락적인 대화에서 나온다 125 / 탁상연설에서 실력을 최대한 살려라 126 / 대화에는 키포인트가 있어야 한다 129 / 요점을 분명히 제시하라 132 / 조리 있는 대화는 화술의 극치이다 133 / 대화는 구체적이어야 한다 134 / 대화는 가능한 한 쉬운 말로 한다 136 / 대화의 구성은 알기 쉽고 조리 있게 137 / 단어는 정확하게 발음한다 138 / 상대방의 성격을 파악하라 139 / 말은 곧 인품을 좌우한다 141 / 대화 중에 방심은 금물이다 142

6. 아이디어 화술 - 146
당신도 창조력이 있다 147 / 창조력을 키우는 방법 148 / 모든 상황에서도 창조력은 향상된다 152 / 듣는 것도 창조력 계발이다 153 / 수다스러운 대화는 금물이다 154

7. 인간관계를 돈독하게 하는 화술 - 156
화술은 바로 인간관계의 동반자 157 / 친구를 만드는 화술법 159 / 한마디의 말도 센스 있게 하라 161 / 좋은 농담으로 이끄는 화술법 162 / '네' 나 '아니오' 는 대화가 아니다 164

Contents

8. 상대를 움직이는 화술 - 166

설득력의 포인트 167 / 설득의 기술 170 / 상대의 마음을 읽어라 172 / 상대를 움직이는 화술 175 / 다양한 질문은 대화를 활력 있게 만든다 177 / 상대방의 자존심을 세워주라 179 / 호감을 주는 화술법 181 / 감정 언어는 가능한 한 삭제하라 184 / 화술의 설득은 평소의 인간관계에 있다 186

9. 훌륭한 일상회화 사용법 - 188

호칭은 화술의 중심이다 189 / 고급어를 사용하라 190 / 수다쟁이는 이런 화술로 처리하라 192 / 화술의 서두는 부드럽게 하라 194 / 본인의 소개는 이렇게 하라 196 / 타인의 소개는 이렇게 하라 197 / 방문 시의 화술법-① 198 / 방문 시의 화술법-② 200 / 방문 시의 화술법-③ 201 / 사양은 이런 화술로 처리하라 202

10. 비즈니스맨이 갖추어야 할 화술 조건 - 204

능한 화술은 비즈니스의 꽃이다 205 / 서툰 말을 극복하는 방법 207 / 말을 능숙하게 하는 열 가지 조건 208

11. 직장에서의 성공적인 화술-① / 212

먼저 선수를 쳐라 213 / 성급한 상사에게는 요점만 설명하라 215 / 상사의 기분에 공감한다 217 / 상사의 이야기는 허실이 많다 219 / 상사의 짐을 대신 짊어진다 221 / 적극적인 마음을 만드는 화술 223 / 남의 의견을 존중한다 225 / 사생활도 화술의 좋은 동반자다 226 / 남에게 실례의 말을 삼가라 228

마음을 움직이는 화술의 힘

12. 직장에서의 성공적인 화술-② - 230

들어주는 것도 화술이다 231 / 보아주는 것도 화술이다 233 / 각자의 위치를 지켜라 235 / 고객의 기쁨이 곧 자기 성장이다 237 / 능력 있는 사람을 따르라 238

13. 전화 화술 - 240

A. 전화를 장악하라 - 신입사원은 전화를 두려워한다 241 / 먼저 자기를 밝힌다 242 / 잘못 걸려오는 전화도 부드럽게 받아라 244 / 통화 중에 끊어질 때는 이렇게 하라 246

B. 전화기를 상대방으로 생각하라 - 마음에서 우러나는 목소리로 말하라 247

C. 하찮은 단어에도 신경을 써라 - 사투리나 외래어의 사용을 억제하라 248 / 직업어나 전문어 사용을 억제하라 250 / 쓸모 없는 말은 하지 마라 251

D. 경어는 간추려 사용하라 - 지나친 경어는 금하라 252

E. 당신의 전화 화술은 몇 점짜리인가? - 타인은 자신의 거울이다 253 / 성의 있는 인사 전화 254 / 무리한 부탁은 하지 마라 256 / 연락 전화는 정확 간결하게 256 / 거절 전화는 확실하게 하라 257 / 불만 전화도 정중하게 받아라 259 / 약속을 어길 시에는 분명하게 말 하라 260

F. 전화는 좋은 중매쟁이 - 전화는 곧 자기 분신이다 262

1

화술은 인생의 동반자

설득이란 누군가를 설복시키는 것만을 뜻하는 것은 아니다. 설득 당하는 쪽에서 생각하면 설득 과정에서 분명 자기를 살리는 길이 있다고 생각하기 때문에 설득되는 것이다. 요즘 흔히 말하는 윈윈의 법칙이 적용되는 것이다. 따라서 자기를 살리는 일은 곧 남을 살림으로써 비로소 성립된다는 것을 스스로도 알고 남에게도 알게끔 하는 사람이야말로 좋은 설득자라고 할 수 있다.

1. 화술은 인생의 동반자

▶▶ 화술의 묘미

　사람은 누구나 살기를 원한다. 그것도 즐겁게 살기를 원한다. 그런데 사람은 사회적인 동물이라서 다른 사람과 어울려 살 수밖에 없다. 이렇게 서로 어우러져 살아가는 과정에서 대화란 필수적인 요소이다. 우리는 대화를 통해 자신의 감정이나 의사를 전달하면서 즐거움을 느끼고자 한다. 그런데 우리의 일상을 들여다보면 말을 잘못하여 상대를 기분 나쁘게 만드는 일이 빈번하게 발생한다. 그렇다면 이런 일을 없애기 위해서 어떻게 해야 할까?

　사람은 누구나 자기 자신이 가장 소중하다. 그래서 자신을 소중히 아끼며 자신을 성장시키기 위해 공부하고 자신의 능력을 계발한다. 그리하여 스스로 충만한 삶을 살았을 때 가장 큰 기쁨을 느낀다.
　따라서 제대로 된 대화를 하려면 우선 자기도 살면서 남도 살리는 방법에 대해 터득하지 않으면 안 된다.
　설득이란 누군가를 설복시키는 것만을 뜻하는 것은 아니다. 설득 당하는 쪽에서 생각하면 설득 과정에 분명 자기를 살리는 길이 있다고 생각하기 때문에 설득되는 것이다. 요즘 흔히 말하는 윈윈의 법칙이 적용되는 것이다. 따라서 자기를 살리는 일은 곧 남을 살림으로써 비로소 성립된다는 것을 스스로도 알고 남도 알게 하는 사람이야말로 좋은 설득자라고 할 수 있다.

▶ 인간은 모두가 우월하다

누구에게나 남보다 뛰어나고 싶은 마음이 있다. 그렇지 않다고 말한다면 그것은 분명 거짓일 것이다.

소극적인 성격을 가진 사람도 지고 싶지 않고, 앞서고 싶은 마음이 있으나 그것을 표현하지 않을 뿐이다. 남보다 앞서고 싶은 것은 결코 나쁜 일이 아니며, 오히려 그러한 마음이 향상심을 촉발시키므로 좋은 일이라고 할 수 있다.

어떻든 누구나 우월감을 맛보고 싶은 마음은 있기 마련이다. 그러니 상대로 하여금 우월감을 맛보도록 해주는 사람을 반기는 것은 당연하다. 나는 잘난 사람이야, 라고 스스로 말하기는 뭐하기 때문에 "당신은 참 잘난 사람이야"라고 적극적으로 말해주는 사람이 있으면 으쓱해진다.

남의 우월감을 만족시켜준다는 일은 매우 중요하다. 자진하여 하는 일이니 거기에는 비굴함이 없다. 자주적으로 판단하여 상대방을 적극 추어주는 행동은, 누구나 모두 우월감을 가지고 있다는 인간에 대한 인식을 바탕으로 이루어진다.

그러나 우리는 늘 남을 모욕하거나 아니면 모욕을 당하며 살고 있다. 저 사람보다 내가 낫다거나 머리가 좋다는 식으로 말이다. 같은 인간에게 구별을 둘 필요는 없다. 이런 따위 우월감은 한 푼의 값어치도 없다. 하지만 우월하고자 하는 향상심은 소중하게 다룰 필요가 있다. 그 자체를 자극하는 일이 상대방에 대한 설득력이 되기 때문이다.

▶ 자기를 살리는 방법

세상은 급속도로 변하고 있다. 이러한 시대에는 양적 확대도 중요하지만 질적 향상을 지향해야 한다. 실제 우리도 아이엠에프를 거치며 평생 직장이라는 개념이 없어지면서 기업 구성원 역시 기업을 위한 충성심이 희박해진 것이 사실이다.

더구나 이러한 추세에 맞물려 이제 젊은이들은 직장생활보다는 자신의 일상생활을 더 중히 여기는 경향이 있다. 그렇다 보니 이런 젊은이들을 어떻게 기업 발전의 첨병으로 만들어내느냐는 오로지 상사의 리더십에 달려 있다고 해도 과언이 아니다.

옛날이 좋았다고 한탄해도 소용없는 일이며, 과거에 미련을 갖는 자는 이미 그 사실만으로도 젊은 사고방식을 가진 자라고 할 수 없으니, 그런 사람은 젊은이를 설득할 수 없다.

신입사원에게는 기업에의 애정도 충성심도 있을 까닭이 없다. 그런 그들에게 회사에 대한 강한 애사심을 키워주고 충성심을 갖게 하느냐 못하느냐는 바로 상사의 리더십에 달려 있는 것이다.

다행히도 요즘 젊은이들은 합리적인 사고를 가지고 있다. 그들은 어떤 사실이 납득되기만 하면 그 일에 열을 올린다. 바로 이러한 점 때문에 섣불리 세파에 휘말려 혼탁한 처세술만을 몸에 지닌 기성세대보다 그들이 순진하고 믿음직스러운 것이다. 상사는 그들을 납득시킬 만한 설득력을 갖지 않으면 안 된다. 그렇다면 무엇을 납득시켜야 하는가?

무엇보다도 '자기를 성장시킨다는 일의 중요성'에 대하여 그들을 납득시키지 않으면 안 된다. 젊은이는 취직에 즈음하여 자기는 과연 성장할 것인지, 아니면 조직의 중압에 휘말리어 개성이 매몰되고 마는 것은 아닌지 걱정을 하게 마련이다. 그런 걱정을 말끔히 씻어주고, 회사는 그들을 성장시키는 곳이라는 인식을 심어주어야 한다.

진정한 성공자는 자기 자신을 깊이 사랑한다. 자기를 사랑한다는 것은 자기를 소중하게 여기는 일이다. 자기를 함부로 다루지 않는 일이다. 다시 말해 '나 같은 게 그것을 해낼 턱이 없어', '난 역시 안 돼' 하고 스스로를 낮게 평가하며 함부로 다루는 일은 절대로 하지 않는다는 것이다. 자기를 사랑하고 소중하게 다루는 일이 바로 자기를 향상시키는 일이다.

나의 단 한번의 소중한 인생인데, 자기를 깊이 사랑하고 소중하게 다루지 않으면 누가 대체 자기를 사랑하고 소중하게 알아줄 것인가?

무엇보다도 먼저 자기의 실력을 향상시켜라. 그러려면 언제나 공부하고 사물을 깊이 생각하고 마음껏 자기 재능을 발휘하면서 일에 정진해야 한다. 이러한 근본적인 마음 자세가 확실한 사람만이 성공을 거머쥘 수가 있다.

성공적인 자기 암시법

상사는 부하를 하루라도 빨리 강하게 키우려고 일하는 방법과 태도 등을 성급하게 가르치려든다. 그러나 부하가 상사의 방법을 기꺼이 따르려고 하지 않는다면 그런 방법은 오히려 부하의 거부 반응만 불러일으키게 된다. 부하 직원에게 사원으로서 필요한 업무 방식을 가르치는 것도 중요하지만, 동시에 '젊은이다운 생활 태도'도 아울러 가르치며 인도하는 일에도 상사의 설득력이 발휘되어야 한다.

"자네도 알고 있지, 그 K씨 말이야. 그 분이 제1선에서 물러났을 때 이렇게 말하지 않았겠나. 자기는 이때까지 하고자 하는 일은 모조리 해냈다, 다 하지 못한 일은 없다, 참 잘했다며 스스로 자신의 어깨를 두드려주고 싶을 정도였다고. 어때, 그야말로 자신만만하지 않은가. 물론 K씨는 두말할 나위 없이 성공자인데, 내가 생각하는 성공자란 바로 K씨가 말한 바와 같이 하고자 한 일을 해낸 사람이야. 반면에 실패자, 낙오자란 하고자 하는 일이 산더미처럼 쌓였는데도 아무것도 해내지 못한 사람이 아닐까? 그래서 우리는 하고자 하는 일을 해낼 수 있는 사람이 되어야 해. 아무리 작은 일이라도 하고자 하는 목표를 세워 그것을 하나하나 실행해나가는 일이 중요해. 이런 일이 몇 번 이루어져서 끝내는 훌륭한 성공자가 되는 거지. 그러니까 자네도 우선 목표를 세워야 해. 목표가 없으면 뭘 해야 좋을지 모르는 법이야. 가령 외국 여행을 가고 싶다든가, 1억 원의 돈을 벌고 싶다는 등의 목표를 세우는 거야. 그런 후에 자네가 지금 하고자 결정한 일이 동시에 '하지 않으면 안될 일'과 합치하는지 어떤지를 점검해보게. '하고자 하는 일'이 바로 '하지 않으면 안 될 일'이라면 문제가 없어. 반드시 해낼 방법을 생각해낼 것이기 때문이지. 이처럼 목표를 사명감으로까지 높여야 해. 그렇지 않으면 도중에 좌절하거나 포기하게 된다네. '하고자 한다'는 목표와 '해내야 한다'는 사명감을 한 끈에 묶어낸 사람이 곧 성공한 사람이지. 자네도 남자로 태어나 하고자 하는 일을 해내지 못한다면 산 보람을 느끼지 못할 거야."

▶ 희망적인 생각이 성공의 지름길

요즘 젊은이들은 상대가 이렇게 저렇게 지시하거나 가르치려드는 것을 몹시 싫어한다. 그것은 상대가 자기의 자유 의사를 속박하거나 무시해버리지 않을까 하는 불안 때문이다. 그들은 스스로 납득이 되면 정말 잘한다. 그런 젊은이의 마음을 모르고 옛날 방식으로 무조건 명령조나 두말 못하게 만드는 강압적인 태도로 대하면 그들은 당연히 반발할 것이다.

젊은이를 지도하는 데 있어서 그들의 가치관의 변화를 파악하고 있지 못하면 낡은 사람으로 몰리고 만다. 그렇다고 해서 젊은이를 무조건 추어올리며 저자세로 임해도 그들은 기뻐하지 않고 업신여길 뿐이다. 중요한 것은 정당한 도리를 말해주는 일이다. 그렇게 함으로써 성장을 도와주는 것이다. 그러한 상사의 말이라면 그들은 기꺼이 마음을 털어놓고 귀를 기울인다. 상사는 그들에게 업무상의 지식을 가르침과 동시에 이 세상을 과감하게 살아가기 위한 올바른 지혜를 일깨워주어야 한다. 그렇게 하면 그들이 감사하지 않을 까닭이 없다.

어떤 회사가 번화가의 고층 빌딩에 세를 들게 되었다. 중역이 이것을 사장에게 보고했다.

"사장님, 마침 비어 있는 층이 없어서 13층을 얻게 되었습니다. 그런데 13은 서양에서 꺼리는 숫자라서……"

"잠깐만, 13이 왜 나쁘다는 게야. 10에서 3을 빼면 럭키 세븐이 아닌가. 재수 있겠는데, 뭘. 좋은 층을 빌렸네. 축하하네, 힘내게나."

13이 나쁘다고 말들 하지만 과학적 근거는 없다. 또 럭키 세븐이라고 해서 행운이 굴러온다는 보장도 없다. 그런 건 아무래도 상관이 없다. 다만 13이라는 숫자를 보았을 때 이것을 어떻게 받아들이느냐가 문제이다. 사장은 행운이 따를 거라는 식으로 밝은 방향으로 해석하고, 중역은 과연 괜찮을까 하는 회의를 드러내며 어두운 쪽으로 해석

한다. 그 점이 다르다. 일은 해보지 않으면 모른다. 모르는 일을 처음부터 비관하는 것과 모르기 때문에 희망적으로 생각하는 것과는 마음자세부터가 다르다. 여기에서 바로 성공과 실패의 갈림길이 결정된다고 할 수 있다.

▶ 화술로 상대를 안심시켜라

① 좋은 점만 찾아준다

전국의 사업장을 돌아다니며 강연을 하면서 절실히 깨닫게 된 것은, 상사는 좀처럼 부하를 칭찬하지 않는다는 사실이다. 왜 칭찬해주지 않는지를 물어보면 별로 칭찬할 만한 일이 없기 때문이라고 한다. 이것은 좋은 경향이 아니다. 유능한 상사가 자기를 표준으로 삼아 부하를 저울질하니 칭찬하지 못하는 것이다.

"아니, 25살이나 먹었으면서 왜 저 모양일까. 내가 그 나이 때는 저토록 조심성이 없고 아둔하지는 않았는데……"

이런 식으로 생각하니 칭찬할 마음이 생기지 않는 것은 당연하다. 칭찬은 상대방의 입장에 서서 하는 것인데 말이다.

회사라는 조직에서는 분명 상사가 부하를 거느리는 것임에 틀림없으나 이제 그 발상을 전환하여 부하를 살린다고 생각하면 어떨까? 유능한 상사가 미숙한 부하를 거느리려고 하면 아무래도 미흡

한 점만 눈에 띄어 그만 꾸짖게 된다. 그러나 부하를 살리려고 생각한다면 자연히 상대방의 좋은 점을 찾게 된다. 장점을 알면 그것을 칭찬할 수 있는 것이다.

어떤 사람이라도 단점이 있는 반면에 반드시 장점도 있게 마련이다. 상대의 결점을 알지 못하면 속기가 쉽다. 믿는 도끼에 발등 찍힌다는 말이 있지 않은가? 결점을 낱낱이 안 다음에 먼저 장점을 칭찬해줄 일이다. 본인조차도 아직 깨닫지 못한 장점을 애써 찾아내서 칭찬해주라.

"자넨, 섬세한 면이 있어서 역시 일 처리도 깔끔하게 잘하는군."

"그런 결단력이 바로 자네 장점이야. 결단력은 누구나 쉽게 가질 수 있는 특징은 아닌데, 정말 대단해."

누구에게나 우월감이 있는데, 바로 이런 식으로 칭찬을 해주면 그 당사자가 갖는 우월감이 자극된다. 그러면 우월감이 올바르게 작용하여 자기 향상에도 도움이 된다. 부하는 인정받았다는 기쁨을 느끼게 되고 분발심도 일어나게 마련이다. 부하에 대한 애정, 이것이 사람을 설득하는 데 있어서의 기본 원리이다. 그리고 부하의 욕망을 자극하는 것이 그 수단인데, 이 경우는 남보다 뛰어나고 싶다는 욕망과 우월감을 만족시켜주는 것이 그 방법이다.

무엇보다 부하가 갖고 있는 장점을 찾아낸다는 애정이 앞서지 않으면 칭찬할 만한 점이 발견되지 않고 거꾸로 책망할 일만이 눈에 띈다. 칭찬은 고래도 춤추게 한다지 않는가? 부하의 장점을 찾아내어 마음껏 칭찬하라. 이 간단한 설득의 기본을 잊어서는 사람을 움직일 수 없다.

② 요령 있게 꾸짖는다

모든 면에서 상사가 감탄만 하는 부하는 있을 수가 없다. 업무 면에서 익숙하지 못한 부하가 하는 일은 상사의 눈으로 볼 때 요령부득이고, 느리고, 따라서 마음에 들지 않는다. 상사는 자연히 부하에게 불만이 생겨 욕이 튀어나오기도 한다.

사람은 누구나 칭찬을 받으면 우월감이 충족되므로 기쁘고, 책망을 들으면 열등감이 생겨 비관한다. 그러므로 가급적이면 책망하지 않는 편이 좋지만, 꾸짖어야 할 때 꾸짖지 않는 것은 진정한 친절이라고 할 수 없다.

친절이란 무기력한 묵인이 아니라 진정 어린 작은 용기이다. 그러한 친절이 쌓이면 부하도 성장한다. 그러므로 부하를 위한 진정 어린 책망은 설득력이 될 수 있다.

기업 내에서 상사가 부하의 기분만을 살피게 되면 끝장이다. 평판만 좋게 얻으려는 것은 그릇이 작다는 것을 증명하는 것과 다를 바 없으며, 부하의 신뢰를 오래 붙들어두지 못한다.

꾸짖음에도 두 가지 기준이 있다. 하나는 상대의 결점을 고쳐주기 위하여, 또 하나는 상대의 결점이나 실수가 전체의 이익을 해치는 경우이다. 이런 경우에는 꾸짖어도 충고라고 하는 따사로움이 자연히 배어나므로 책망 당하는 쪽도 화가 나지 않는다.

이와 반대로 자신의 감정 때문에 책망하게 되면 상대는 '꼴값하는 군'하고 생각하든가 '원, 제기랄' 하고 혀를 찰 뿐 효과는 없다.

윗사람이 자기의 입장만을 생각하고 '쓸모 없는 놈이다' '조심성 없고 아둔한 놈이다'라는 식으로 부하의 단점만을 지적하고, 그것이 날마다 계속되면 부하는 일하고 싶은 마음이 생길 리가 만무하고, 노여움마저 생기게 된다. 이렇듯 자기 반성의 마음도 없어지는 것은 결국 상사의 마음에 남을 책망하는 차가움만이 있기 때문이므로, 이래서는 어떤 부하도 설득시키지 못한다.

꾸짖는 데도 요령이 있다. 그것은 부하의 절반을 꾸짖는 일이다. 가령 A사원이라는 인간을 100퍼센트라고 하자. 그 절반인 50이 그 사람의 장점이라면 나머지 50이 단점이다. 꾸짖는 것은 이 절반인 단점을 꾸짖는다는 뜻이다.

"자네는 정말 좋은 점이 많아. 자네를 가령 100퍼센트라고 한다면 70퍼센트는 장점이지. 그런데 나머지 30퍼센트의 결점이 있어. 그것 때문에 자네의 좋은 장점이 빛을 잃는 경우가 있으니 참으로 아까운 일이 아닌가? 우선 30퍼센트 중의 10퍼센트를 고치도록 해보게. 그렇게 하면 결점은 20이 되고 장점은 80이 되네. 그런 다음에 다시 10을 고치면 결점은 10이 되고 장점은 90이 되지. 어때, 해볼 만하지 않은가? 그렇게 하는 동안에 100퍼센트 모두 장점이 되겠지. 얼마나 근사해. 자, 당장에라도 10의 교정에 착수하게나."

이와 같은 설득력으로 다가서면 부하는 상사의 말을 기쁘게 받아들인다.

2

화술의 기본 조건

말을 잘하게 되는, 즉 대화의 효과를 올리기 위한 첫 번째 조건은 이야기 그 자체가 충실한 내용이어야 한다는 데 있다. 다시 말해서 이야기의 요점을 충분히 파악하고 정리가 잘 되어 있어야 한다는 것이다. 아울러 그 내용을 말하는 경우에 있어서도 때로는 구체적으로 말하거나 암시적으로 말하여 이야기의 내용을 이해시키고 납득시키는 연구가 필요하다.

2. 화술의 기본 조건

▶ 대화의 목적을 다시 한 번 정리한다

우리는 무슨 일을 하려고 할 때 반드시 목적을 가지고 행동한다. 말을 할 경우도 마찬가지다. 일상 생활에서의 잡담이나 인사말은 제외하고 상담이나 대화는 모두 뚜렷한 목적을 가지고 있다.

이것은 당연한 일이다. 그러나 무슨 목적으로 말을 하고 있는지 고개를 갸웃거리게 되는 경우가 가끔 있다. 상대방이 귀를 기울이며 의식적으로 말하는 사람의 뜻을 받아들여야만 대화는 성립된다. 상대방이 듣거나 말거나 무턱대고 말하는 것은 단순한 잡음에 불과하다.

이야기는 우선 상대방이 귀를 기울여 듣게 하는 일부터 시작된다. 그러려면 말하는 사람이 무엇 때문에 말하는지 그 목적을 분명히 파악하고 있어야 한다. 그 목적에 따라 말하는 법과 내용도 자연히 달라지게 된다. 대체로 사람들 앞에서 말을 하는 경우, 보통 다음과 같은 목적을 생각하게 된다.

(1) 전한다(보고·전달)

회사 내의 정보를 알리거나, 필요한 지시를 전하거나 또는 명령을 받은 부하 직원이 명령을 받고 행동한 결과를 상사에게 보고할 때에는 그 자체가 목적을 가진 이야기이다. 올바르게 전한다는 것은 말을 하는 데 있어서 기본 요소이다.

(2) 이해시킨다(설명)

어떤 일은 말을 통해 알리려면 우선 첫 단계로 이해를 시켜야 한다. 그러기 위해서 필요한 것이 설명이다. "이 상품은 이렇게 저렇게 사용합니다." "이 상품은 이러한 점과 저러한 점이 특징입니다."라고 말하는 것처럼 내용을 설명하여 이해를 시켜야 한다.

(3) 납득시킨다(설득)

단순하게 설명하는 일로 끝나지 않고 설명을 해서 상대방에게 어떤 태도나 마음의 태세를 준비시키려면, 설명에서 한 발 더 나아가 '과연 그렇군' 하는 생각을 갖게 해야 한다. 그것이 설득이나. 비즈니스에 있어서 이 설명, 설득의 단계는 명령이나 영업하는 경우에서 흔히 볼 수 있으며, 대단히 중요한 과정이다.

(4) 이해하고 공감케 한다(알림)

설명과 설득을 통하여 이야기의 목적을 달성하려면, 귀로 듣고만 알게 하는 것이 아니라 머리로 알고 마음으로 느끼게 하여 공감을 갖게 해야 한다.

(5) 고치게 한다(질책·충고)

부하 직원이 잘못을 했거나 회사의 규율을 위반했거나, 또는 동료가 그릇된 행위를 할 경우에 꾸지람과 충고로 당사자의 마음을 돌리게 하려는 목적으로 하는 이야기이다.

(6) 인간관계를 갖게 한다(인사 · 대화)

하루하루의 생활을 보다 즐겁게 하는 일이 결국 은 회사를 위하는 일이고, 본인과 가족을 위한 일 이기도 하다. 그러려면 좋은 인간관계를 맺는 일  이 중요하다. 일상시의 인사나 대화는 그러기 위해서 필요한 것이다.

이 밖에도 상대방을 즐겁게 하고 위로하고 흥미를 일으키게 하는 등 이야기의 목적은 수없이 많다. 그 목적이 상대방에게 제대로 전해져서 효과가 있어야만 비로소 말을 잘한다고 할 수 있다.

그리고 아무리 상대방이 귀를 기울여 자기의 말을 잘 들었다 해도 역효과가 생긴다면 결과적으로 오히려 말하지 않은 것보다 못하게 된다. 말하기 전에 무엇 때문에 말하는지 그 목적을 뚜렷이 의식하는 습관을 길러야 한다.

▶ 요점을 파악하여 정리한다

말을 잘하게 되는, 즉 대화의 효과를 올리기 위한 첫 번째 조건은 이야기 그 자체가 충실한 내용이어야 한다는 데 있다. 다시 말해서 이야기의 요점을 충분히 파악하고 정리가 잘 되어 있어야 한다는 것이다. 또한 그 내용을 말하는 경우에 있어서도 때로는 구체적으로 말하거나 암시적으로 말하여 이야기의 내용을 이해시키고 납득시키는 연구가 필요하다. 특히 유효 적절한 말을 선택하여 말을 간단 명료하게 해야 한다. 그렇게 하지 않으면 이야기의 내용이 아무리 재미있다 해도 지루한 이야기가 되어 흥미가 반감되고 만다.

(1) 요점을 파악한다

말을 할 때 무엇보다 중요한 것은 말하고자 하는 바를 정확하게 파악하고 있어야 한다. 그렇지 않고 이 말 저 말 늘어놓게 되면 이야기도 길어지고 초점이 없어 상대방의 주의가 산만해져  이야기의 효과를 거둘 수 없다. 그러므로 언제, 어디서, 누구에게, 무엇을, 무엇 때문에 말하는지를 생각해서 거기에 맞는 이야깃거리만을 택하여 거기에 중점을 두고 말해야 한다.

(2) 솜씨 있게 정리한다

솜씨 있게 정리하려면 이야기 전체를 순서 있게 짜야 한다. 아무리 주제가 훌륭하고 요점이 잘 간추려진 이야기라 하더라도, 발표 순서가 혼동되면 듣는 사람은 무슨 말을 하는지 이해할 수 없게 된다. 언제나 전체를 순서 있게 짜서 이야기를 단순화  하는 일이 중요하다. 또 이야기 전체가 일관되어야 하며, 일반적으로 서론, 본론, 결론으로 맺어야 한다. 그러나 때와 상대방에 따라 꼭 그런 순서로 말하지 않고, 먼저 결론을 말하고 난 다음에 그 이유와 방법을 말하는 편이 효과적인 경우도 있다.

(3) 적절한 말을 사용한다

이야기를 간결하고 알기 쉽게 하려고 아무리 유의를 해도 여전히 이야기가 길어져 효과가 오르지 않을 경우가 있다. 그렇게 되는 것은 적절한 말을 쓰지 않기 때문이다.

말이란 말하는 상대방에 따라 그 때와 경우가 저절로 달라지게 된다. 특히 우리말은 한 가지 뜻을 나타내는 데도 여러 가지의 낱말이 있다. 예를 들자면 '너'라는 2인칭 단수를 나타내는 데도 '너' '당신' '자네' '댁' '자기' 등으로 수많은 낱말이 있다. 그런 여러 가지 말 중에서 그 때와 경우에 가장 적합하다고 생각되는 말을 쓰도록 노력하여야 한다.

풍부한 어휘도 화술의 한 부분이다

말을 잘하려면 말하는 데 필요한 어휘를 많이 알아야 하고, 최소한 올바른 말을 구사할 수 있어야 한다. 들은 풍월로 자기도 잘 모르는 말을 한다면 상대방을 납득시키기는커녕 오히려 혼란을 느끼게 만들 것이다.

그러나 어휘를 풍부하게 하는 일은 하루아침에 이루어지는 것이 아니다. 말은 태어나면서부터 겪은 생활 체험이 쌓인 것이며, 더구나 사람은 각기 자란 환경도 다르다. 따라서 모든 경우에 통용되는 어휘를 풍부하게 갖기란 그리 쉬운 일이 아니다. 그러므로 필요한 일은 어휘를 풍부히 하도록 노력함과 아울러 지금 자기가 지니고 있는 말을 유효하게 사용하는 방법이다. 그러려면 우선 자기가 지닌 어휘를 사용하여 구체적으로 말할 줄 알아야 한다. 특별히 교양 있는 말씨나 전문적인 말을 쓰지 않더라도, 어느 때나 부담 없이 쓰고 있는 자기 말로 충분히 상대방에게 알릴 수 있는 것이다. 그것을 공손히 구체적으로 말하기만 하면 되는 것이다. 예를 들어보자.

"당신은 노래를 좋아합니까?"

"네, 좋아합니다."

"어떤 노래를 좋아합니까?"

"가요를 가장 좋아합니다."

"노래 부르기를 좋아합니까? 아니면 듣기를 좋아합니까?"

"다 좋아합니다."

이런 식으로 하는 대화는 다소 서투른 감이 있는 대화이다.

"당신은 노래를 좋아합니까?"

"네, 굉장히 좋아합니다. 특히 가요는 듣기도 좋아하고 부르기도 좋아합니다."

"그것 참, 좋은 취미를 가지셨군요."

"네, 특히 노래는 심리적 정서적으로 안정되게 해주어 퍽 좋다고 생각합니다."

이런 식으로 대화가 이루어지면 서로간의 대화에서 받는 느낌이 상당히 달라진다. 비즈니스에서도 마찬가지이다. "잠깐 나갔다 오겠어요. 곧 돌아옵니다." 이렇게 말하기보다는 "잠깐 A회사에 다녀오겠습니다. 한 시간이면 돌아옵니다."라고 말하면 더 확실해진다.

그런데 어휘를 풍부히 하려면 어떤 방법이 있을까?

무엇보다 독서를 많이 해야 한다. 평상시에 책을 가까이 하면 저절로 언어 감각이 높아진다. 물론 말을 잘하는 일과 직접적인 관련은 없지만, 어휘를 늘리는 일은 말을 잘하게 하는 기본적인 요소이다. 또 일기를 쓴다든가 하는 식으로 글 쓰는 일을 계속하는 일도 효과가 있다. 그리고 확실히 알지 못하는 말을 사용하기보다는 자기가 이해할 수 있고 늘 익숙하게 쓰던 말을 사용하는 것이 최선의 방법이다.

▶▶ 군더더기 말은 삭제하라

대화를 할 때 흔히 '아아'라든가 '에에'라든가 또는 '저어' 같은 필요 없는 말을 쓰는 사람이 있다. 필요 없는 말은 할 필요가 없다. 어째서 그런 말이 저도 모르게 자꾸만 입에서 튀어나올까. 물론 그 사람이 말이 서툴고 어휘가 부족하기 때문이지만, 일반적으로 말해서 다음과 같은 사람에게 그런 버릇이 있는 것 같다.

남의 흉내를 잘 내고, 아는 체하고, 듣는 사람에 대해 신경을 쓰지 않고, 다른 생각을 하며 말하고, 당황하기 잘하는, 이런 종류의 사람들이다. 그러므로 필요 없는 말을 하지 않기 위해 미리 원고를 준비한다든가 메모를 보며 말하는 등 자기에게 맞는 방법을 연구할 필요가 있다.

보통 잘 쓰는 불필요한 말들로는, 생각하는 말이 얼른 나오지 않을 때 쓰는 '저어' '음'이라는 말이 있으며, 이 말을 하고서 다음 할말을 머릿속에서 필사적으로 생각하는 사람이 있다. 그런데 이런 말을 자주 쓰게 되면 듣는 쪽에서 무슨 말인지 알 수 없을 뿐더러 귀에 거슬리게 된다.

또 무언가 추상적인 말을 한 다음 구체적인 설명을 할 때 쓰는 '즉'이나 '말하자면'도 너무 자주 사용하면 그런 말이 나올 때마다 점점 무슨 말을 하는지 알 수 없게 된다.

어떤 사람은 말끝마다 '아아'를 붙여 말끝을 길게 뽑는 사람이 있는데, 말끝이 늘어지면 이야기가 맥없이 늘어지게 된다. 그 역시 듣기에 좋지 않다. 이밖에도 '마아'니 '에에 또'니 하는 말을 붙이는 사람도 있는데 이딘지 모르게 기벼운 느낌을 주게 된다.

▶ 바른 자세도 화술의 한 부분이다

듣는 사람은 귀로 들으면서 언제나 말하는 사람의 움직임을 눈으로 보고 있다. 말이 시작되기 전부터 그 사람의 겉모습이나 인상 등을 통하여 말하는 사람을 평가하려고 한다. 상대방에 대한 의사 전달은 대화를 시작하기 전부터 이루어지고 있는 것이다. 더구나 이야기를 하고 있는 동안에도 늘 말하는 사람의 동작에 주의하며 귀와 눈으로 이야기의 내용을 파악하려고 한다. 따라서 자세와 동작도 화술의 한 부분인 것이다.

이를테면 듣는 사람을 한 사람씩 차례차례 쳐다보며 이야기를 하면, 상대방은 '나를 보고 이야기하고 있구나' 하는 느낌을 가질 것이다. 또 이야기의 중요한 점을 강조할 때 한 발자국 앞으로 나서며 조금 힘 주어 말하면 상대방은 '아하, 이 점이 가장 중요한 점이구나' 하는 생각을 갖게 될 것이다.

그러나 그 같은 동작과 움직임도 상대방에게 강한 인상을 심어주고 그 내용을 알리려는 자연스러운 태도가 아니면 오히려 어색하게 되어 이야기의 효과를 줄이는 결과가 될 수도 있다. 태도를 자연스럽게 하려면 어떤 점에 주의해야 될까?

우선 눈을 어디에 두느냐가 문제가 되는데, 상대방이 한 사람인 경우에는 상대방의 턱 아래, 즉 남자일 때는 넥타이의 매듭 부분을 보며 말하는 것이 보통이며, 특히 이야기를 강조하거나 납득시켜야 할 경우에는 상대방의 눈을 똑바로 보거나 상대방의 눈과 눈 사이를 보는 것이 좋다. 또 듣는 사람이 많은 연설회장일 경우에는 앞에서 4퍼센트 뒤에서 6퍼센트 정도 되는 곳에 눈을 두고 가끔 회장 전체를 둘러보며 이야기한다.

발의 위치는 두 발을 약간 좌우로 벌리든가 한 쪽 발을 약간 앞으로 내놓고 두 발을 벌리는 듯한 형태가 좋다. 이야기의 내용에 따라서는 손과 몸

2. 화술의 기본 조건　33

을 움직이는 경우가 있으므로 늘 안정된 발의 형태를 취한다. 그리고 보통 허리 아래쪽은 움직이지 않고 중심을 잡아야 한다. 또 칠판에 글씨를 쓰거나 도표를 설명할 때 외에는 몸의 등과 옆면을 상대방에게 보이지 않도록 조심하여야 한다.

▶▶ 무언의 화술법

　제스처라 하면 손과 몸을 움직이는 것을 생각하게 된다. 그러나 가장 어려운 일은 손을 움직이지 않을 때이다. 대부분의 사람이 이야기를 시작하려고 할 때 손을 어디에 두어야 좋을지 몰라 망설이게 되는 일이 많다. 앉아 있을 때는 손을 처리하기가 비교적 편하지만 서 있을 때는 그렇지가 않는데, 손을 자연스럽게 양편으로 내리든가 두 손을 잡아 아래로 내리면 된다. 자연스러운 태도가 가장 좋은 것이다. 또 한쪽 손을 가볍게 허리에 대는 것도 자연스럽다.
　머리의 자세도 턱을 너무 내밀거나, 반대로 구태여 턱을 목에 붙이거나 하는 일 없이 자연스럽게 똑바로 유지하는 것이 좋다. 다만 이야기의 내용에 따라 생각과 의문을 나타내기 위해 머리를 좌우로 갸웃거리거나, 실망과 슬픔을 나타내기 위해 앞으로 떨구거나, 우쭐할 때는 몸을 뒤로 젖히거나 하는 동작을 할 수 있다. 또 감사 표시를 하거나 간청을 할 때는 듣는 사람 쪽으로 머리를 수그리는 것이 보통이다.

그런데 제스처로 가장 중요한 것은 바로 손과 눈이다. 특히 "눈은 입과 다름없이 말을 한다"고 하듯이 그 사람의 마음을 나타내기도 하므로, 눈의 표정에 따라 이야기가 살아날 수도 있고 죽을 수도 있다. 강함, 위험, 놀라움 등을 나타내기 위해 눈을 반짝 뜨거나, 슬픔과 부드러움을 나타내기 위해 반만 뜨는 경우도 있다. 또 묵상과 생각을 뜻할 때는 눈을 감는 수도 있다. 그 밖에 눈으로 형태나 방향을 나타내기도 한다.

입도 제스처의 하나이다. 언제나 입을 벌리고 계속해서 말하는 것은 이야기 솜씨가 서투른 것이며, 끊어야 할 곳은 딱딱 끊어서 말하는 것이 듣는 사람의 이해를 높이는 방법이다. 입의 제스처 중에서 크게 벌린 입은 놀라움을 나타내고, 반쯤 벌린 입은 부드러움, 유순함, 간청, 실망과 기쁨 등의 약한 표현이 된다. 또 다문 입은 강함, 위엄, 결심, 분노 등을 나타내기도 한다.

요컨대 제스처는 이야기에 활기를 띠게 하고, 정확성을 더하고, 이야기의 내용을 보다 구체적으로 상대방에게 전달하기 위한 것이므로 어디까지나 자연스럽게 적절히 사용하여야 한다. 이것이 '말없이 말하는 화술'인 것이다.

▶▶ 차분한 화술법

사람은 누구나 어떤 모임에서든 많은 사람 앞에서 말을 하게 되면

얼마쯤 흥분하거나 긴장하게 된다. 어느 경우에는 자기가 여러 사람 앞에서 발표할 일이 있으면 이삼 일 전부터 걱정이 되어 일이 손에 잡히지 않는다고 하는 사람도 있다. 그런 일에 익숙하지 않으면 여러 사람 앞에 나서기만 해도 머리가 얼떨떨하고, 다리는 마구 떨려 자기가 무슨 말을 하고 있는지조차 모르게 된다.

이와 같이 사람은 누구나 남 앞에서 말하려면 흥분하기 마련이다. 비록 일류 아나운서나 사회자일지라도 남 앞에서 말을 할 때 한번도 흥분한 적이 없다는 사람은 아무도 없을 것이다. 이야기를 할 때 흥분하는 사람은 '흥분하는 것은 나만이 아니다', '흥분하는 것이 당연하다'고 자기 스스로를 타이를 필요가 있다. 그리고 말하고 있는 동안은 '듣는 사람은 나를 주목하고 있다', '서투른 말을 할 수는 없다', '말을 잘 해야지' 하는 생각은 버리고 '내가 말하고 있는 만큼, 청중은 열심히 듣고 있는 것은 아니다', '하고 싶은 말을 적당히 하자' 이런 배짱을 가지고 말하면 된다. 다만 미리 철저한 준비를 해야 한다.

운동을 할 때는 반드시 사전에 준비 운동을 한다. 이야기를 할 때도 이와 마찬가지로 여러 가지 준비가 필요하며, 그 중 자기가 가장 적합하다고 생각되는 것을 몇 가지 택해 사용하는 것도 흥분하지 않기 위한 기술이다.

다음은 그 구체적인 방법들이다.

(1) 자기 암시를 건다

이것은 '이렇게 하면 절대로 흥분하지 않는다'는 나름의 처방전을 만드는 방법이다. 예를 들면, 손바닥

에 사람 인(人)자를 써서 마셔버리는 시늉을 한다. 즉 '사람을 마신다'는 뜻이다. 또는 사람이 듣고 있다고 생각하지 않고 강아지나 토끼 등이 모여 앉았다고 생각하는 방법이다.

(2) 청취자와 미리 말을 나누어본다

이 방법은 플레이 커뮤니케이션이라는 것으로, 청취자와 조금이라도 말을 해두면 이야기를 꺼내기도 쉽고 자기 자신의 기분도 안정되어 남과 말한다는 기분이 들지 않는다. 될 수 있는 한, 미리 많은 청중과 말을 나누어두면 편안한 마음으로 말할 수 있다.

(3) 말할 장소와 위치를 익혀둔다

조금이라도 자기 주위의 상황을 알아두면 마음이 든든해지는 법이다. 그리고 이야기를 할 때도 몸 전체나 손을 움직이거나, 또는 손에 무엇을 들거나 하여 말할 장소와 몸을 자유로이 사용하는 것도 흥분하지 않기 위한 방법의 하나이다.

▶ 효율적인 화술법

대화의 방법에는 여러 가지가 있다. 최근에는 놀랄 만한 정보 전달 수단이 개발되어 사용되고 있지만, 그런 수단들이 인간에게 제대로 정보를 전달할 능력이 없다면 아무런 가치가 없는 것이다.

이 전달 능력의 기본은 첫째로 이야기하는 것, 쓰는 것, 그리고 듣는 것이다. 이 같은 일을 적절히 하지 못한다면 대화가 순조롭지 못할 뿐더러 결국 시간의 손실도 커진다. 화법이 서투르다면 상대에게 자기 의도를 전하는 시간이 더 걸릴 뿐 아니라, 상대편의 협력도 저하되고 목적 달성을 이루지도 못하고 헛된 시간과 노력을 소비하게 된다.

효율적인 대화를 하자면 다음 사항에 주의하지 않으면 안 된다.

(1) 기본 원칙

대화 상대가 한 사람이든 백 사람이든 자기 멋대로 자신의 의사를 강요해서는 안 되고, 자신의 의사가 상대에게 정확히 전달되도록 해야 한다. 당신이 유의해야 할 것은 상대편에게 전하려고 하는 사실·생각·제안이

며, 따라서 상대가 자신을 어떻게 생각하느냐에 매달릴 필요는 없다.

(2) 준비는 완전하게

'즉석'의 대화는 가능한 한 하지 않도록 한다. 머릿속에 정리하여 이야기할 여유가 없을 만큼 긴급한 사태는 그리 흔하게 일어나지 않는다. 무엇을 이야기할 것인지 생각할 몇 분의 여유는 어떤 경우라도 만들 수 있을 것이다. 이 짧은 시간을 이용하여 이야기할 요점을 정리하거나 혹은 메모해둔다.

(3) 되도록 간결하게

공식적인 보고는 15분 이내로 끝내야 한다. 길면 20분이어야 한다. 그 이상이 되면 아무도 들어주지 않을 것이고 주의를 기울이지도 않는다. 단도직입적으로 문제의 핵심에 대해서 이야기한다. 듣는 쪽이 반대로 질문해온다면, 그것은 상대가 당신의 이야기에 흥미를 느끼고 있

다는 증거이다.

(4) 발성에 유의한다

입 속에서 우물우물 이야기한다면 아무리 중요한 말을 해도 소용이 없다. 상대에게 전달되지 않는 말은 아무 의미가 없기 때문이다. 또박또박 발음한다면 상대편의 주의를 끌 수 있을 뿐 아니라 이야기의 알맹이를 이해하려고 하게 된다. 그러기 위해서는 입을 확실하게 벌리고 입술이나 혓바닥을 자유롭게 해주어야 한다. 어떤 주장에 따르면, 명확히 말하도록 하기 위해서는 파이프나 그것과 비슷한 것을 입가에 물고서 이야기하는 연습을 하면 좋다고 한다. 인공적인 장해를 극복하면서 말하는 연습을 되풀이하면 놀랄 만큼의 성과가 오른다고 한다.

▶▶ 듣기를 잘하면 유익하다

"세일즈맨 입은 하나지만 귀는 두 개 있다"는 말이 있다. 대부분의 세일즈맨은 상대에게 전하고 싶은 말만을 청산유수처럼 지껄여대는 법인데, 이 세일즈 철학은 세일즈맨에게 모름지기 자기가 이야기하는 양의 두배는 상대방의 이야기를 들어주어야만 한다는 것을 가르쳐주고 있다.

이 교훈은 물론 세일즈맨뿐 아니라 모든 사람에게 통용된다. 듣는 기술을 전문으로 연구하는 사람은 듣는 일에서 얻어지는 이익으로 다음의 세 가지를 들고 있다.

첫째는 그것에 의해 '이해'가 얻어진다.

둘째는 그렇게 함으로써 '판단'할 수가 있다.

셋째는 그렇게 함으로써 상대를 '조종'할 수가 있다.

상대방의 이야기를 잘 들어줌으로써 상대방의 생각이 잘 이해되고, 그러므로 어떻게 대처하면 좋을지 판단이 생기고, 그 판단에 의거하여 상대방을 자기 마음먹은 대로 움직이는 방법이 떠오른다는 것이다.

그러나 듣는 일의 효용은 이에 그치지 않고, 네 번째의 이점으로 시간을 절약할 수가 있다는 점이다.

상대방의 속셈이 정확히 이해되고 있다면 이쪽에서 요점을 찌른 이야기를 할 수 있게 되고, 그 결과 자기 생각대로 판단하여 이야기할 때보다도 대화의 효과를 더 얻게 된다.

남의 이야기를 잘 듣기 위해서는 다음과 같은 마음가짐이 필요하다.

(1) 상대방의 입장을 이해하고 상대방의 말을 들어줄 것

쓸데없는 이야기에 사로잡히지 말고 상대방이 하려는 이야기의 요점을 파악하는 일이 중요하다.

(2) 상대방의 주장을 일단 인정하고 나서 이쪽의 의견을 제시할 것

일단은 상대의 의견을 존중해주는 것이 필요하다. 그렇게 하면 상대편도 이쪽의 의견을 존중해주기 마련이다.

(3) 상대방의 이야기를 끊지 말 것

어쨌든 상대방의 이야기는 끝까지 들어주도록 한다. 그런 뒤 자기의 생각을 말하면 된다.

(4) 상대방의 이야기 도중에 주관적인 판단을 내리지 말 것

마지막까지 상대방의 이야기를 듣고 난 다음 객관적으로 판단을 내린다.

(5) 상대방의 말 속도에 이쪽의 사고력을 맞출 것

상대가 빨리 이야기할 경우에는 이쪽의 머리 회전 속도 역시 빨리 하지 않으면 안 된다.

(6) 이해하기 어려운 점은 질문해서 확인해둘 것

상대방의 이야기 중에서 알지 못하는 점에 대하여 확인하지 않으면 나중에 상대편의 잘못된 의견에 동의하지 않을 수 없게 되는 일도 생긴다.

(7) 귀뿐만 아니라 눈으로 들을 것

이야기를 들을 때는 상대방의 얼굴을 똑바로 쳐다보면서 듣는다. 남의 이야기를 듣는 기술 중에서 상대의 얼굴을 보는 일이 매우 중요하다는 사실을 기억해두자.

▶ 3분간의 화술법

B주식회사의 L상무는 작은 회사를 일류 회사로 성장시킨 유능한 사람이다. 회사 안에서는 L상무를 보고 '3분 중역'이라 부르고 있다. 그것은 상무 앞에서 보고를 하거나 결재를 받을 때 특별한 경우를 제외하고는 한 사람 앞에 3분이라는 제한이 있기 때문이다.

L상무의 비즈니스에서의 신조는, 간부는 어떤 용건이라도 3분간에 완전히 설명할 수 있어야 한다는 것이다. 그리고 그 자신도 항상 이 신조를 지켜온 것이다. 부하에 대한 지시나 명령, 설명은 간결 명쾌했고, 부하는 충분히 그 일을 이해할 수 있었다. 또 결재도 상대방이 말하는 시간을 포함하여 원칙적으로 5분간이며, 아무리 오래 걸려도 10분 이내에 예스냐 노냐 아니면 보류냐를 결정짓게 하고 있다. 상사가 이렇게 하고 있으므로 부하 직원인 간부들도 제안을 하거나 보고를 할 때 항상 정리하여 능률적으로 하게 되었다.

그 결과 회사 전체에 그런 영향이 미쳐 항상 활기에 차고, 일사천리로 일을 해나가는 전통이 생기게 된 것이다. 현대 기업에 필요한 요소는 스피드이다. 정신 없이 돌아가는 경제 정세 속에서 항상 다른 회사보다 한 걸음 앞서려면 모든 면에 스피드가 요구된다. 1분이 늦은 관계로 동업자에게 거래처를 빼앗기거나 단골 거래처로부터 항의를 받는 시대이다.

지금까지처럼 오랜 시간에 걸쳐 회의를 하고, 그 결과가 결정된 것인지 안 된 것인지도 잘 모르는 식으로 되어서는 안 된다. 명령, 지시의 전달, 실행, 연락, 보고가 차례대로 신속히 이루어지는 직장이 아니면 발전은커녕 존속도 힘들 것이다.

그러므로 앞서 말한 '3분 중역'처럼 3분간에 모든 일을 끝낼 수 있는 직장으로 만들지 않으면 안 된다. 이야기가 간결하게 정리되어 있으면 3분은 말을 하기에 충분한 시간이다. 타협, 상담, 명령, 보고 등 무엇이나 3분간에 끝날 수 있게 하여 일의 효율화를 도모해야 한다.

직장 이외에서도 많은 사람이 발언을 하는 장소이거나, 또 행사가 계속될 예정일 때 말하는 사람은 반드시 주어진 시간 안에 끝내도록 하여야 한다. 그러려면 앞서도 말했듯이 빈틈없는 준비를 하여 말하는 목적에 따라 요령 있게 정리하여 중점적으로 말하는 훈련을 쌓아야 한다.

포인트는 서두와 결론에 두어라

사람이 어떤 일을 하게 되면, 일을 시작할 때와 끝낼 때에 상당히 노력한다는 사실이 심리학적으로 증명되고 있다. 이 사실은 이야기를 할 때도 해당된다. 듣는 쪽에서는 무엇을 먼저 말할 것인가, 어떤 목소리를 낼 것인가 하고 말할 사람을 주목하게 된다. 연설에서 "여러분!"하고 외치는 것도 청중을 집중시키기 위한 방법이다. 또 끝맺음도 시작 못지않게 중요하다. 이야기를 효과적으로 하기 위해서는 서두와 결론을 충분히 연구하지 않으면 안 된다.

(1) 서두에 대한 연구

"새로 채택된 제안 제도에 대한 요점을 설명하겠습니다."

"이번에 문서의 수신, 발신, 집배의 수속을 새로이 변경했으므로 그 요령을 간단히 설명

하겠습니다."

이런 식으로 단시간에 해야 할 이야기는 단도직입적으로 그 내용을 소개한다.

조회나 회의 때는 곧바로 말을 꺼내지 말고 우선 여유 있게 전체를 둘러본 다음에 말을 시작하는 것이 좋다. 듣는 사람이 오늘은 무슨 이야기가 나올까 하고 잠깐 숨을 돌릴 만한 사이를 두는 것이 효과적이다. 익숙하지 않은 사람은 그럴 여유가 없다고 할지 모르나, 여유가 있어 보이는 태도를 가지면 자기 자신도 마음이 가라앉아 말을 잘하게 된다.

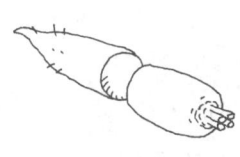

또 이야기를 시작하기 전에 미리 말하는 변명 비슷한 발언은 듣는 쪽의 흥을 깨게 되므로 하지 않는 것이 좋다. '결말이 나지 않는 이야기가 될지도 모릅니다만' 이라든가, '생전 처음이라' 등의 말이 그렇다.

(2) 결말에 대한 연구

모든 일은 끊고 맺는 맛이 있어야 하겠지만 이야기 역시 끝맺음이 분명해야 한다. 결말이 흐릿하게 되면 모처럼 시작을 잘하고 내용도 손색없이 말했다 하더라도, 결론적으로는 성공한 것이 못된다.

"지금 이야기한 것을 요약하면……"

"중요한 점에 대해 다시 확인하고자 합니다."

이런 형식으로 끝을 맺으면 효과적이다. 또 듣는 사람에게 어떤 행동을 요구하거나 협력을 부탁할 때는 주제나 그 내용에 대하여 자기 소망이나 기대를 결부시켜 끝마치면 된다.

"부디 XX운동에 대하여 이 자리에 나오신 여러분의 협력을 바라며 끝맺고자 합니다."

이처럼 끝을 맺으면 듣는 쪽에서 거부감을 일으키지 않을 것이다.

3

자기를 당당하게 표현하는 화술

인간의 능력에는 대단한 차이가 없다. 있다고 한다면 본인의 의욕에 문제가 있는 것이다. 주위 사람과 즐겁게 이야기할 수 있도록 이야기 재료를 풍부히 가져야 한다. 보고, 듣고, 읽고, 시도하는 가운데, 또는 평소에 관찰력을 발휘하거나 생각하는 습관을 길러나감으로써 누구하고도 나눌 수 있는 풍부한 이야깃거리를 지니게 된다.

3. 자기를 당당하게 표현하는 화술

▶ 승부는 화술의 내용에 있다

아무리 길어내도 줄어들지 않는 샘물처럼 끊이지 않는 재미있는 이야기에는 귀를 기울이지 않을 수 없다. 어떤 이야기가 또 이어질까 하는 기대가 이야기에 귀를 기울이게 한다. 그와 동시에 이야기하는 사람이 그때그때 어떤 내용의 이야기를 할 것인가는 극히 중요한 문제이다. 사람은 이야기의 내용을 통해서 그 말하는 사람을 아는 것이다. 그리고 어떤 내용인가도 중요하지만, 내용 자체의 신중한 선택도 중요하다.

그저 잡학 박사처럼 여러 가지 사건이나 사항을 지식으로서 기억하고 있는 것만으로 이야기의 내용이 이루어지지는 않는다. 여러 가지를 알고 있으면, 그것이 곧 내용이 있는 이야기꾼이라고 오해하는 사람이 있다. 여기서 말하는 내용이란, 개개의 지식을 이

어 맞추거나 해체시켜 새로운 생각을 낳게 하는 힘, 판단하는 힘 등 사고력이나 창조력을 포함한 폭넓은 것이라고 생각해주기 바란다. 혹은 '하나의 일이 다른 일과 어떤 관계를 갖고 있는가'와 같은 이른바 구조적인 연관으로써 보는 힘이라고 생각하면 좋다.

사람에게는 저마다 가장 잘 아는 분야가 있다. 우선 가급적 자신이

익숙한 내용으로 승부하도록 하자. 화제가 자신이 잘 아는 분야로 옮겨지면 재빨리 날카로운 의견을 발표한다든가 여러 사람의 발언을 솜씨 있게 종합하도록 한다. 누구나 즐겁게 흥미를 가질 수 있는 화제로 주위 사람을 끌어들인다면, 당신은 틀림없이 그 장소의 중심이 될 것이다.

다음은 다른 사람에게 깊은 인상을 줄 수 있는 여러 가지 표현 방법이다.

(1) **독창적인 것** – 그 사람이 아니면 들을 수 없는 특이한 체험은 강력한 인상을 주어 자신을 주목하게 만든다.

(2) **새로움** – 인간은 새로운 것에 흥미를 갖는 법이다.

(3) **구체성** – 논리적이고, 추상적이고 개념적인 이야기도 있다. 그러나 일상 생활에서는 구체적인 것을 즐기는 경향이 있다.

(4) **필요성** – 사람들에게 필요한 것일수록 강한 설득력을 갖는다.

(5) **친근함** – 자기 신변이나 생활과 가까운 관련이 있는 것에 귀를 잘 기울인다.

(6) **극적 요소** – 사람은 많든 적든 자극적인 사건을 찾는다.

(7) **호기심** – 궁금증을 유발하는 것은 흥미를 끄는 데 중요하다.

(8) **대립성** – 왠지 대립되는 것이 있으면 흥미가 두 배로 늘어난다.

(9) **재치** – 즐겁고 인간적인 공감을 느낀다.

이야기는 보편적인 것보다는 구체적이고도 개별적인 것이어야 한다. 누구에게도 지지 않고 잘할 수 있는 것, 그 일에 대해서는 어깨를 겨눌 자가 없다고 여기는 것을 추구하도록 하자.

▶ 예제를 활용하는 화술

추상적인 이론만 전개하고 있으면 대개 듣는 쪽에서 싫증을 느낀다. 그런 때 예를 들어 이야기하면 듣는 사람은 여유를 갖고 가벼운 마음이 될 것이다.

예시는 어떤 일을 이해시키고 느끼게 하고 혹은 의욕을 일으키게 하는 가장 효과적인 방법의 하나이다. 그러나 어디까지나 예시 그 자체가 주된 것이 아니라, 이해시키거나 느끼게 하거나 의욕을 일으키게 하는 수단임을 잊어서는 안 된다. 예시가 주제나 그 목적에서 벗어나는 경우가 있는데 그래서는 안 된다.

예시에는 크게 나누어 사실례(事實例)와 사고례(思考例) 두 가지가 있다. 사실례에는 직접 체험과 간접 체험이 있다. 사실례에는 역사적인 사실이나 먼 외국의 얘기, 혹은 공통점이 많은 일반적인 화제 따위가 포함된다.

사고례는 속담이나 격언, 명언, 옛날 이야기, 동화, 문학 작품 등이 포함된다.

(1) 예시 선택의 일곱 가지 원칙

① 보편성 - 많은 사람에게 공명을 얻을 수 있는 넓은 범위의 것이 좋다.

② 공감성 - 신변에서 생긴 사건이나 친숙한 기분으로 들을 수 있는 이야기가 목적 달성의 지름길이다.

③ 신선미 - 말하는 사람이 감동을 갖고서 이야기할 수 있는 새로운 것이어야 한다.

④ 단순성 - 단순 명쾌하게 그 목적이 달성되는 이야기 재료가 좋다. 해설을 필요로 하는 복잡한 것은 보기를 위한 보기가 필요하므로 부적당하다.

⑤ 명랑성 - 비극적인 이야기는 사람을 어둡게 한다. 밝고 즐거운 것이 좋다.

⑥ 인간성 - 듣는 사람의 마음을 움직이게 하는 감동적인 것, 듣고 싶은 의욕을 북돋워주는 강력한 자극성이 있는 것이 좋다.

⑦ 품위성 - 부드러운 기분을 자아내게 하든가 훈훈한 향기가 감도는 고상한 것이 좋다.

(2) 예시의 효과적 활용

예시의 효과를 한층 높이자면 다음 사항에 주의할 필요가 있다.

① 싱싱한 표현이 되도록 힘쓸 것.

② 그 장소에 있는 듯한 박진감 있는 묘사를 할 것.

③ 이야기하는 목적이나 주제와 결부시킬 것.
④ 회화를 삽입하여 변화를 줄 것.
⑤ 강약, 고저, 완급, 억양에 의해 흥미를 지속시킬 것.
⑥ 의성어, 의태어를 넣어 이야기를 입체적으로 할 것.
⑦ 배열을 연구하여 효과를 올릴 것.

풍부한 화젯거리를 활용하라

흔히들 여성은 수다스럽다고 말한다. 그러나 남성도 오십 보 백 보로, 인간이란 본래 남녀를 막론하고 수다스런 법이다. 사람은 수다스러우면서도 많은 사람들 앞에서 제대로 말을 못한다든가 정작 이야기해야 할 장소에서 제대로 말을 못하는 이유는 무엇일까? 대부분의 경우 화제로 삼을 만한 이야깃거리가 빈곤하기 때문이다.

구덩이를 파자면 어느 정도의 폭이 필요하다. 깊은 구멍일수록 폭이 넓어야 한다. 또 산이 높으면 그 계곡도 깊은 법이다. 마찬가지로 대화를 잘 하기 위해서도 이야깃거리가 풍부해야 한다.

그럼, 풍부한 이야기 재료는 어디에서 찾아야 좋을까? 그것은 우리의 생활 속에 얼마든지 있다. 우리들은 이제까지 무수한 현상을 보아왔고, 여러 가지 일이나 사건을 겪었으며, 또한 많은 것들을 듣거나 읽어왔다. 그런데도 이것들이 이야기 재료로서 충분히 활용되지 못하는 것은 관찰력이 부족하기 때문이다. 사물을 볼 때도 아무 생각 없이 바라봐서는 깊은 인상으로 남지 않는다. 할말이 없어서 말을 못한다고 하기에 앞서 이제부터라도 매일 경험하고 있는 것을 의미 있는 것으로 만들기 위하여 관찰력을 키워라.

폴라로이드 카메라가 어떻게 해서 만들어졌는지 아는가? 어린이의 "왜 사진은 금방 나오지 않죠?"라는 소박한 의문이 계기가 되어 만들어졌다고 한다. 어른은 자칫 사물을 볼 때, '그런 것이다'는 고정 관념을 가지고 보기 때문에 본질적인 문제를 쉽게 지나치게 된다.

K여사는 남편이 세상을 떠나자 남편이 운영하던 회사를 인수받게 되었다. 15명의 종업원을 거느리고 회사를 운영하자니 자식들을 돌보지 못할 만큼 매우 바빴다. 그래도 가냘픈 여자의 몸으로 두 딸을 키워 대학까지 졸업시켰다. 그러나 뭔가 세대차에서 오는 딸들의 태도에 대해 K여사는 만족할 수 없었다. 응석을 부리고 부모를 존경하지 않는 듯한 태도에 화를 내는 일도 있었다. 자기 자신은 한껏 애정을 쏟아왔다고 생각했는데 그것에 보답을 받지 못하는 것 같아 서글프기조차 했다.

그러는 사이에 큰딸이 결혼하게 되었다. 친구들이 피로연을 열어주었다. 그날 참석자에게 조그만 인쇄물이 배포되었다. 신랑신부의 성장 기록, 독서 경향, 취미 따위가 씌어져 있었다. 그 중에 '존경하는 사람'이란 난이 있고, 거기까지 읽어온 K여사의 뺨에 돌연 눈물이 흘러내렸다. 그 난에 '나의 어머니'라고 씌어져 있었던 것이다. 고생하면서도 애써온 보람이 있었구나 싶으면서 새삼 기쁨을 감출 수가 없었다.

사물을 볼 때 깊이 본질을 꿰뚫어보는 것이 중요하다. '나는 천성적으로 그렇게 생긴 인간이다'라든가 '부모도 조부모도 마찬가지였으니 유전일 것이다'라는 식으로 말하는 것은 패배자의 자기 합리화이다.

인간의 능력에는 대단한 차이가 없다. 있다면 의욕의 차이라고 할 수 있다. 주위 사람과 즐겁게 이야기할 수 있기 위해서는 화젯거리를 풍부히 갖추어야 한다. 그리고 찾으려고 노력만 하면 우리 주변 어디에서든 화젯거리를 찾을 수가 있다. 보고 듣고 읽고 관찰하는 모든 것이 화제의 대상이 될 수 있는 것이다.

▶ 공통된 화제를 찾아라

'이런 곳에서 왜 저런 이야기를 할까?' 하고 고개를 갸웃거리게 만들 만큼 장소에 맞지 않는 화제를 꺼내 태연스럽게 말하는 사람이 있다. 또 남이 대화에 낄 수 없을 특정의 화제를 자못 자랑스럽다는 듯 끝없이 얘기하는 무신경한 사람도 있다.

활기 있고 유쾌한 대화를 하기 위해서는 상대가 무엇을 원하고 있으며, 무엇을 이야기하고 싶어하는지에 대해 신경을 써야 한다. 이야깃거리를 많이 갖고 있으면 저절로 이야기를 잘할 수 있다고 여기는 사람도 적지 않은 모양인데, 실은 그 풍부한 이야깃거리에서 공통된 화제를 적절히 골라냈을 때 비

로소 대화는 즐거워지는 것이다.

인간은 누구나 자기 중심적인 이야기를 하고 싶어한다. '우리 집은', '나의 근무처는', '우리 아이들은' '우리 학교는' 등등 이야기에는 한계가 없다. 그러나 이 같은 이야기는 상대방과 별로 관계가 없고, 관심도 거의 없을 것이다. 그러므로 '당신의 근무처는', '당신의 학교는' '당신의 아이는' 식으로 상대 중심적인 이야기를 하는 것이 좋다. 그러면 틀림없이 이야기에 관심을 갖고 귀를 기울일 것이다.

아마 다음과 같은 사항들이 보통 공통적으로 관심을 갖는 문제일 것이다.

- 일 – 대부분의 사람이 자기가 하는 일에 관해서는 자신감을 가지고 있기 때문에 묻는 말에 대답을 잘 해주는 법이다.
- 여행 – 사람은 자기가 살고 있는 테두리에서 벗어나고 싶어하는 경향이 강하다. 새로운 것을 알고 싶어하는 욕망이나 미지의 세계에 대한 동경은 누구에게나 공통된 화제이다.
- 출신지 및 출신 학교 – 자기가 태어나고, 공부한 곳에 대한 애착은 누구나 갖게 마련이다. 그곳들을 마음의 고향으로 간직하는 것은 좋은 일로서, 옛일을 되새겨보는 것이 반드시 나이든 사람의 전유물만은 아니다.
- 기후나 계절 – 이것은 일치하기가 쉬운 화제이기 때문에 일치하면 일치할수록 친교에 도움이 된다.
- 동료 및 친지 – 우리는 보통 자기 주변 사람에 대해 이야기하기를 좋아한다. 그러나 욕설이나 비판에 그치면 상대방도 불안감을 갖는

법이다. 세심한 배려가 필요하다.

- 가족이나 가정 – 특히 여자에게 자녀들 이야기를 꺼내면 기다렸다는 듯이 대화에 끼게 될 것이다. 남편이나 아내에 대한 화제도 마찬가지다. "부인을 처음 뵈었는데 미인이시더군요"라고 말하면 듣는 쪽에서 기분이 좋을 것이다.
- 새로운 소식 – 누구나 새로운 것에 대해서는 호기심을 가지며 알고 싶어한다. 그리고 새로운 것을 알면 말하고 싶어한다.
- 건강 – 정보 중에서 가장 관심을 나타내는 것은 건강에 관한 정보라고 한다. 특히 요즘처럼 건강에 대한 관심이 높아질 때는 더욱 그럴 것이다.
- 오락 및 취미 – 관심을 갖고 몰두하는 것이기 때문에 이야기하기가 쉽다. 가장 잘 아는 영역이기도 하다.
- 남녀 관계 – 남녀가 존재하는 한 끊이지 않는 화제이며 흥미도 불러일으키지만, 이에 대한 이야기는 점잖게 하는 편이 좋다.
- 죽음 – 이 문제는 인간에게 있어서 절대 무시할 수 없는 것이다.

▶▶ 히든카드를 지녀라

위닝 쇼트는 야구에서 투수가 타자를 아웃시키기 위해서 던지는, 자기가 가장 장기로 하는 비장의 볼을 말한다. 이야기할 때도 마찬가지이다. 결정적인 이야기 재료나 이때다 싶을 때 사용할 비장의 수법을 갖고 있으면 마음이 든든하다.

지방 중학교 선생인 K씨에게 예쁘고 똑똑한 C라는 여제자가 있었는데, 어떤 까닭인지 마땅한 혼처가 나타나지 않아 그녀는 30세가 넘을 때까지 독신이었다. 어느 날 그녀에게 딱 어울리는 좋은 청년이 K씨 앞에 나타났다. K씨는 그 두 사람을 짝지어주려고 생각했다. 마침내 그 두 사람이 만난 자리에서의 일이다. C양이 잠깐 자리를 비웠을 때, 그 청년이 이렇게 말했다.

"선생님, 어째서 저토록 훌륭한 여성이 지금까지 결혼을 않고 있었을까요?"

그 어조에 K씨는 '이 정도라면 안심이다' 라는 확신이 들어 여러 가지의 악소선을 극복하고서 두 사람을 결합시키는 데 성공했다는 것이다.

전문적인 이야기꾼이라도 결정타가 될 화젯거리를 그리 많이 갖고 있는 셈은 아니다. 그런 만큼 어디에나 통용하는 만병통치약과 같은 이야깃거리는 얻기 힘들 것이다. 평소에 관심을 갖고 주의를 기울여 이때다 싶을 때 말할 수 있는 이야기 재료나 결정타가 될 말을 많이 알아두도록 하자.

이야기에 있어 결정타가 될 만한 진리의 말은 다음과 같다.

➡ 인생은 설득의 연속이다.

➡ 인생에 참된 의미로서의 실패는 없다.

➜ 청춘이란 성장력이다.
➜ 오늘의 사건은 내일에의 예견이 된다.
➜ 인생은 끝이 없는 나그네 길이다.
➜ 껍질을 벗지 않는 뱀은 죽는다.
➜ 박력이란 성실의 별명이다.

내가 언제나 지니고 다니는 메모장에도 이런 종류의 말이 많이 적혀 있다. 이 같은 말에는 짧은 구절 속에 모든 것을 집약하는 진리가 들어 있다. 이렇듯 어떤 사항을 적절하게 표현할 수 있는 어구나 문장을 많이 아는 것은 큰 재산이다.

보람 있게 시간을 보내는 것이야말로 인생에서 가치 있는 일이라고 흔히들 말한다. 대화도 마찬가지다. 대화의 효과는 시간이 흐름에 따라 줄어든다는 사실을 잊어서는 안 된다. 별것도 아닌데 지루하게 반복하면 누구라도 진저리를 낸다. 빠르게 변화하는 세상에 사는 현대인의 마음에 친밀하게 다가갈 수 있는 간결한 설득력을 갖추도록 해라. 그러기 위해서는 결정적인 말을 알고 있어야 한다. 화제의 결정타, 이야기의 결정타, 배열의 결정타 등 화제의 위닝 쇼트는 누구라도 노력하면 가질 수 있다.

▶ 병 주고 약 주는 화술

인간의 '울음'에는 여러 가지가 있다. 슬퍼서 울고, 기뻐서 울고, 동정해서 울고, 아파서 울고, 그 중에는 자기 보호의 수단으로써 우는 사람도 있다. 눈물은 그 사람의 인간성을 적나라하게 드러낸다.

또 인간은 감동의 눈물을 흘리게 하는 이야기를 찾는다. 휴머니즘에 넘친 슬픈 이야기는 듣는 사람에게 강한 감동을 불러일으켜 싫증내기 쉬운 심정 따위를 잊게 만든다.

몇 년 전에 한 통의 편지가 우리 집에 날아들었다. 잠시 소원했던 친구인 L로부터 온 슬픈 소식이었다.

"지난 5월 7일, 우리 아이 철수가 급성 폐렴으로 사망했다네. 이 세상에 나와 산 지 불과 8년 10개월, 어버이 된 자의 넋두리라고나 할까, 몇 자 감상을 적어 보내네. 아무쪼록 읽어주게나."

이러한 내용과 몇 줄의 시가 적혀 있었다.

L은 결코 시인이 아니다. 그러나 그 슬픈 마음이 오죽이나 깊었으면 시까지 썼을까 하고 생각하면서 다음의 글을 읽어 내려갔다. 결론부터 먼저 말하면 나는 자식을 잃은 어버이의 마음을 새삼 알게 된 것만 같았다. 그리고 어느덧 내 눈시울도 뜨거워졌다.

그의 '시'는 이렇게 씌어져 있었다.

한 방울 한 방울 떨어지는 링게르를 바라보며
내 자식의 목숨을 지켜본다.
이윽고 일어나는 울음소리에
내 가만히 외면하며 식어가는 손을 쥐어본다.

틀림없이 가버린 내 자식이냐
긴 젓가락 어색하게 쥐며 뼈를 줍는다.
그리고 은은히 마주치는 뼛소리에
책가방을 멘 네 모습이 자꾸만 떠오른다.

여기에는 뒷이야기가 있다. 3월이 되고, 철수가 다니던 유치원도 졸업식을 맞게 되었다. L은 졸업식 초청에 일단은 거절했지만, 생각을 돌리고 가슴에 죽은 아이의 사진을 안고서 참석했다.

식이 진행됨에 따라 졸업하는 원생의 이름이 차례로 불리어졌다. 귀여운 목소리로 "네" 하고 크게 대답하고서 일어서는 아이들. L은 '철수도 살아 있었다면……' 하고 자기도 모르게 눈물을 뚝뚝 떨어뜨렸다. 마지막으로 L의 아들 이름이 불리어졌다. L은 아들 대신 "네"라는 대답도 하지 못했다…….

나는 이 이야기를 듣고, 또 그 생각을 할 때마다 가슴이 아팠다. 그리고 이 이야기를 강연할 때 곧잘 인용하기도 한다.

아무튼 "글은 곧 그 사람이다."라고 하지만, 이야기도 또한 곧 그 사람인 것이다. 눈물을 자아내게 하는 이야기를 할 수 있는 사람은, 자기 역시 남의 이야기에 눈물을 흘릴 수 있는 감성적이고 섬세한 마음의 소유자인 것이다.

감동이 없는 사람은 목석이나 다름없다. 이야기하는 사람은 그 자신이 남의 아픔을 알 수 있어야 한다.

눈물을 흘리게 하는 이야기는 얼마나 감동적인지 모른다. 그리고 언제까지나 사람의 마음에 여운을 남긴다.

▶ 웃는 화술은 효과가 크다

어느 날 밤 정신 병원에 불이 났다. 입원 환자가 많이 있었기 때문에 대단한 소동이 벌어졌다. 신참 신문 기자가 현장에 달려와서, 느닷없이 한 환자에게 "소감을 말씀해주십시오." 하고 질문했다. 환자는 정색을 하더니 "야아, 깜짝 놀랐다. 나는 하마터면 미치광이가 될 뻔했지." 하고 대답했다. 이것을 읽는 독자는 기자의 멍청한 질문과 환자의 답변에 웃음을 참을 수 없을 것이다.

사람은 여러 가지 일로 웃는다. 웃음은 그 사람이 어떤 인물인가를 나타낸다. 또한 웃음은 승리의 노래이기도 하다. 그래서 "나는 너하고 좀 다르단 말야." 하고 자기가 상대보다 뛰어나고 상대가 자기보다 못났다는 이유만으로 웃기도 한다. 웃음은 그야말로 인간적인 행위이다.

한 신사가 점잖을 빼며 걷고 있다가 바람에 그의 멋진 모자가 날아갔다. 그러자 사람들이 웃었다. 웃음은 상식에서 벗어나는 것에서도 나타난다. 그런데 이 사나이가 손으로 모자를 잡으려고 했으나, 바람이 불어 아무래도 잡을 수 없었다. 사람들은 그것을 보고 "난 저 따위 얼간이 짓은 하지 않는다. 모자 하나를 붙잡지 못하다니……" 하고 또 웃는다. 우월감에서이다. 그때 시속 1백 킬로미터의 속도로 달려온 트럭에 치어 이 사나이가 즉사하고 말았다면, 사람들은 웃을 수 없을 것이다. 웃음은 인간적인 차원이기 때문이다.

허무한 웃음이나 속임수로 웃는 웃음, 남을 비웃는 웃음도 있다. 그러나 모든 웃음은 적극적이고 활동적이다. 그러므로 많은 사람은 웃음을 환영한다. 남을 웃기는 일로 직업을 삼고 있는 사람도 있다.

밝은 웃음의 첫째 조건은 우선 알기 쉬울 것, 둘째는 실제적인 해가 없어야 한다는 것이다. 이런 조건들이 마음을 부드럽게 만들고 웃음을 자아내게 하는 것이다.

누군가가 기억술에 관한 책을 지하철 선반에 올려놓고서 그만 그 사실을 잊어버리고 내렸다는 이야기가 있다. 여기에서 기억술의 책은 아무런 효능을 발휘하지 못했고, 그 이야기는 사람들의 웃음을 자아냈다.

같은 일이라도 때에 따라서는 웃음을 자아내지 못하는 경우가 있다. 다음은 웃음이 나오지 않는 여러 경우이다.

(1) 너무나도 자주 되풀이되는 이야기는 또야, 하는 심정이 앞서 웃음이 나오지 않는다.

(2) 때를 놓친 이야기는 웃지 않는다. 유행이 지난 말 따위가 좋은 예이다.

(3) 가난뱅이가 돈을 소매치기 당했다든가 노파가 넘어졌다는 따위, 연민의 심정이 있을 때에는 웃지 않는다.

(4) 공포심이 생길 때는 웃을 수 없다. 이를테면 납치범이나 강도에게 협박당했을 때 껄껄 웃을 수 있다면 상당한 배짱이다.

(5) 실제적인 해를 동반할 때, 자기를 업신여기든가 가치를 인정받지 못했을 때는 화를 낼 뿐이다.

(6) 관심이 없는 내용이나 관계없는 다른 사람의 화제라면 웃음이 나지 않는다.

(7) 너무나 느린 속도의 이야기는 웃음을 가져오지 못한다. 어느 정도의 기세가 필요하다.

이야기에 웃음의 효과를 활용하고자 한다면, 이렇듯 웃음의 원인 등을 참작할 필요가 있다.

▶ 넌센스를 이용한 화술

별이 반짝이는 밤, 머리가 약간 돈 아들이 담 위에 올라가 열심히 긴 막대기를 휘두르고 있었다. 아버지가 그것을 보고
"아니, 그런 곳에서 뭘 하고 있니?"
"별을 따려고 해요."
"바보 같으니! 그런 곳에서 그 따위 막대기를 휘둘러 별을 딸 수 있을 것 같니? 지붕 꼭대기에 올라가서 따도록 해라."

이렇듯 난센스 같은 우스운 이야기가 많이 있다.

나의 소년 시절, 남한테 잘 얻어맞고 곧잘 우는 아이가 있었다. 언젠가 애들이 또 짓궂게 그 아이를 놀리자, 아이는 견디다 못해 이렇게 말했다.

"우리 집엔 하늘에 가득 찰 만한 쌀독이 있다."

"어디에 있는데?"

"마루 밑에 있어."

그 아이로서는 한껏 배짱을 부려볼 마음이었으리라. 그러나 개구쟁이들은 이 말에 와아, 하고 웃음을 터뜨렸다. 하늘에 가득 찰 만한 쌀독이 마루 밑에 있다니, 그 집이 얼마나 컸는지 알 수 없다.

몇십 년 지난 어렸던 시절의 이야기가 지금껏 나에게 똑똑히 기억되고 있다. 이렇듯 순박하고 미소가 절로 떠오르는 우스운 이야기 재료는 우리 주변에 얼마든지 있다.

최근엔 교통사고가 많아 심각한 사회문제가 되고 있다. 한 노인이 횡단보도도 아닌데 길을 건너가다가 하마터면 차에 치일 뻔했다. 그러자 노인이

"위험하다. 조심해서 운전하라!"

하고 버럭 소리를 질렀다. 그러자 운전 기사도 고개를 내밀며

"나는 25년간이나 무사고로 운전하고 있소. 당신이나 조심하시오!"

하고 지지 않고서 소리를 질렀다. 그러자 노인이 재빨리 응수했다.

"나는 70년간 무사고로 걸었단 말이다!"

교통 사고에 얽힌 이야기로, 최근 외국에서 상금 백만 원의 교통 안전 표어 응모에서 일등 당선작이 선정되었다. 그런데 놀랍게도 '나가지 말라, 걷지 말라, 집에 있으라!'였다고 한다.

넌센스는 우스꽝스런 이야기나 성적인 비유 따위를 소재로 한 대개 가벼운 것들이다. 이런 난센스도 그런 대로 필요하지만, 너무 지나쳐

서 습관이 되면 곤란하다. 그리고 이런 종류의 우스갯소리를 때와 장소를 가리지 않고 함부로 말하는 사람이 있는데, 때와 장소에 맞게 적절히 하라고 권하고 싶다.

▶ 위트 있는 화술

위트라는 말은 재치나 기지라는 뜻으로, 원래 지성이란 말에서 유래되었다. 이 위트도 웃음의 원천이 된다.

프랑스에서 있었던 일이다.

반대파 국회의원에게 모욕을 주려고 벼르는 한 의원이 있었다. 마침 상대편 의원이 프랑스에서 가문도 낮고 별로 좋은 직업이라고 여겨지지 않는 수의사 출신임을 알고서, 많은 사람들 앞에서 들어보란 듯이 이렇게 말했다.

"당신은 예전에 수의사였다는데 정말입니까?"

망신을 주려고 한 말이므로 큰 목소리였던 까닭에 많은 사람들이 그 순간 둘을 주목했다. 그런데 상대편은 당황하기는커녕 가슴을 펴고서 당당히 대답했다.

"그럼요. 지금도 수의사 노릇을 하고 있습니다. 당신도 어디 아프신 데가 있으면 찾아오십시오."

이 반격에 오히려 도전한 의원이 말 한마디 못하고 물러났다. 이것은 그야말로 재치라고 하겠다.

어떤 중학교 선생이 반 학생들에게 한 학생을 소개하려고 했다. 그러나 아이들이 소란스럽게 떠들기 때문에 제대로 말을 할 수가 없었다. 그래서 꾀를 한 가지 냈다.

"여러분, 지금 소개하는 학생은 왼팔이 하나밖에 없는 사람입니다."

그러자 학생들은 곧 조용해지고 열심히 귀를 기울였다. 그러자 선생은 다시 말을 이었다.

"그리고 오른팔도 하나밖에 없는 학생입니다."

이 말에 모든 학생들이 크게 웃었다.

재치는 훈련에 의해서 나타난다. 자기는 말주변 없는 사람이라고 스스로 규정하고, 언제나 이야기를 하지 않으려는 사람이 예상외로 많다. 이래서는 언제까지나 세련된 대화를 할 수 없다. 재미있는 이야기가 있다면 친구나 직장 동료 앞에서 그 얘기를 해보는 것도 좋은 방법이다. 그렇게 하면 사람이 어떤 이야기를 기대하는지, 어떠한 때 명랑한 웃음을 보이는지 금방 짐작이 된다. 무엇이고 자주 쓰지 않으면 녹이 슬고 못쓰게 된다. 인간의 재치도 마찬가지다.

▶▶ 유머 감각은 화술의 모체

유치원 보모 교사에게 유치원생이 묘한 질문을 했다.
"선생님, 애인 있어요?"

하도 깜찍한 말이라 선생은 이렇게 되물었다.
"애인이 뭐지?"
"친한 친구."
"그런 친구라면 많이 있지."
"정말요? 선생님은 애인이 많이 있대요!"

아이들은 저마다 고개를 끄덕이고 제법 말의 뜻을 이해한 척했다. 이때서야 선생은 얼굴이 붉어졌다. 천진난만한 어린이의 물음일망정 좀더 유머 있는 대답을 하지 못한 자기 자신을 후회했다. 그러나 이미 때는 늦었던 것이다.

왜냐하면 어린이들은 집에 가서 "우리 선생님은 애인이 많대요!" 하고 말할 것이 틀림없으니까 말이다.

최씨는 평범한 회사원으로 아기자기한 맛이 하나도 없는 사람이었다. 아침에 출근할 때도 아내에게 다녀오겠다는 말도 없이 횡하니 출근하고 돌아올 때도 마찬가지다. 그렇다고 화를 내고 있는 것도 아니며, 한마디로 말하자면 무뚝뚝한 성격이었다.

그런 최씨가 회사에서 어느 날 "인간관계는 인사로 시작하고 인사로 끝난다. 더구나 가정에서의 인간관계가 좋지 않다면, 직장에서도 원만치 못하다."는 취지의 강연을 듣고 이제까지의 자기가 취했던 행동을 반성했다.

생각해보니, 자기는 많은 사람들 중에서 한 사람의 여성을 선택한 것이다. 기쁨도 슬픔도 오랫동안 아내와 함께 나누어왔는데, 어째서 지금까지 아침에 따뜻한 말 한마디하지 않았을까, 좋다, 오늘부터는

……, 그렇게 단단히 마음먹고 집에 돌아왔다. 그런데 대문에 들어서자마자 목구멍까지 올라온 말이 나오지를 않았다.

그렇게 일주일이 지나자 간신히 말이 나왔다.

"여보, 지금 돌아왔소."

자기 자신은 어색했다. 아내도 이상했던지 물끄러미 남편의 얼굴을 쳐다봤다. 그리고 얼마 후 그 이유를 알았던지 얼굴에 화사한 웃음이 피어올랐다. 최씨도 어색한 미소를 띠었지만, 이윽고 두 사람은 소리 내어 웃었다. 그것은 일찍이 그 집에서 들을 수 없었던 정겨운 웃음소리였다.

또 다른 부부의 이야기이다. 저녁식사가 늦어져 남편이 화를 내고 아내에게 소리를 질렀다.

"아직도 식사준비가 안 되었어? 더 참을 수 없어 나가서 먹고 와야지."

"죄송해요. 5분만 기다려주셔요."

"정말 5분이면 다 돼?"

"아뇨, 하지만 함께 나가려면 그만한 시간은 있어야 하잖아요."

이 대답을 들은 남편은 그만 쓴웃음을 짓고 말았다.

유머를 억지로 만들려고 하면 유머가 되지 않는다. 유머는 그 사람의 천성에서 우러나는 것이다. 그런 의미로서 유머를 이해하는 사람만이 유머 있는 이야기를 할 수 있다고 하겠다.

유머러스한 이야기란 다음의 조건이 갖추어져 있어야 한다.

(1) 애정이 뒷받침되어야 한다. 토라지게 하거나 놀리는 말은 웃을

수 있을지는 몰라도 인간적인 맛이 없다.

(2) 여유가 있어야 한다. 재치는 예리한 것이지만 유머는 느긋한 여유에서 생겨난다.

(3) 진실해야 한다. 의도야 어떻든 사람의 마음을 흔들 정도여야만 한다.

유머는 아련한 연민의 정을 포함한다. 그것이 또 정겨운 인간의 맛이리라.

▶ 화술은 목적이 있어야 한다

무엇 때문에 저런 이야기할까 싶을 정도로 도무지 요령 없이 이야기를 하는 사람이 있다. 여행을 할 때, 우리는 목적지를 의식하고서 코스를 선택하고 시간을 정한다. 마음내키는 대로 하는 여행이라도 목적이 없는 것은 아니다.

커다란 목적은 정해져 있지 않아도, 그때그때 행동하는 목적이 정해지고 그러기 위한 절차를 밟는 법이다.

인간은 어떤 목적을 위하여 수단을 필요로 한다. 대화에도 목적이 있으며, 그 목적을 달성하기 위해 이야기하는 것이다. 그런데 목적을 의식하고 이야기하는 사람은 의외로 적다. 그저 막연한 심정으로 이야기해버린다. 그렇게 되면 초점이 맞지 않은 사진이나 마찬가지로 분명한 데가 없는 이야기가 되고 만다. 초점은 맞아도 전체가 지나치게 뚜렷하여, 결국 무엇이 중심인지 알 수 없는 이야기도 효과 면에서 볼 때 초점이 맞지 않은 사진과 다름이 없다.

여러 사람 앞에서 이야기할 때, 너무 긴장하여 목적에서 벗어난 이야기를 하는 사람이 많다. 모처럼 여러 가지로 준비를 했으면서도 청중 누군가가 싱긋 웃게 되면 어째서 웃는 것인지를 생각하게 된다. 그러면 머릿속이 텅 비어버리고 말하려던 내용을 잊어버린다. 이렇게 되면 두서가 없는 이야기가 되고 만다. 결국 "무슨 말을 했는지 모릅니다만, 시간이 되었으므로 이만 실례합니다." 하고 연단에서 내려오게 된다. 이런 때는 이야기가 어차피 중요하지 않은 부분으로 흘러 수습할 수 없게 된 것이므로, 당황하지 말고 침착하게 "여러 가지로 말씀드렸습니다만, 제가 말하고 싶었던 것은 이런 것입니다."라고 본론으로 돌아와 결론을 맺는 것이 가장 좋은 방법이다.

또 쓸데없는 소리로 초점이 흐려질 것만 같은 사람은 이야기 서두에 먼저 요점을 명확히 제시해주면 좋다.

이야기하기 전에 무엇을 이야기할 것인가, 무엇 때문에 이야기하는가를 생각해야 하며, 이야기하면서도 지금 무엇 때문에 이야기하고 있는지를 의식하는 일이 중요하다.

그 목적에 따른 이야기의 기능을 유효 적절하게 살리지 않으면 효과적인 이야기가 되지 않는다 이야기의 목적과 그 기능을 표로 만들면 다음과 같다.

목 적	기 능
① 알린다	보고
② 이해시킨다	설명
③ 하도록 한다	설득
④ 고치도록 한다	충고
⑤ 느끼게 한다	공감
⑥ 인간관계	인사 · 대화

▶ 충고의 말은 부드럽게 하라

인간은 자기 능력의 정도에 관해 자부심과 즐거움을 느낀다. 그러므로 남에게서 경멸받는 것을 대단히 싫어한다. 또한 자기의 부정이나 비행을 남에게 알리고 싶어하지 않는다. 이것은 자기의 마음속에 부끄러워하는 바가 있기 때문이다.

이렇듯 자존심은 도덕이나 능력 면에서 타인보다 자기가 뛰어나다는 의식을 갖게 한다. 인간은 참으로 긍지가 높은 동물이다. 그 자존심은 자기 자신의 실패마저도 합리화하지 않으면 안될 만큼 강한 것이다.

그래서 이 같은 상대방의 약점을 아는 일이 중요하다. 아무리 사실을 바르게 말해도 상대가 그 말을 받아들이지 않으면 말한 의미가 없다. 우선 이야기에 귀를 기울이게 하고 듣도록 만들지 않으면 안 된다.

그러기 위해서는 호감이 가도록 이야기해야 한다. 갑자기 상대의 감정을 자극하는 그런 잘못된 방법으로 말해서는 안 된다. 그러나 긍정적인 이야기는 받아들여지기 쉬운 법이다. 긍정적이라고 해서, 상대편을 모두 옳다고 인정하라는 것은 아니다. 인간의 상처받기 쉬운 기분을 어루만져주며 상대가 받아들이기 쉽게 이야기하라는 것이다.

최근에는 사회적인 문제에 관해 무관심한 사람이 많다. 도덕적인 관념이 없다고나 할까. 사회적인 부정, 비윤리적인 행위, 언어 도단인 횡포를 보고 있으면서도 노여움을 느끼지 않는 것은 도덕적 감각의 상실이다. 말을 해야만 할 때는 분명히 그 부정을 지적하지 않으면 안 된다. 그 경우라도 느닷없이 "그것은 잘못이다", "그래선 안되지 않는가", "그건 절대 반대다" 하고 단정적으로 말해서는 안 된다. 인간은 누구나 때로 잘못을 저지르는 약한 존재인 것이다. 그러므로 "그런 일도 있습니까", "저도 전에는 그렇게 생각하고 있었지요", "그렇게 말하는 사람도 있지요" 등 우선 긍정적으로 받아들인다. 그런 다음에 상대의 의견에 반대라면, 잠깐 사이를 둔 뒤 "그런데 이러면 어떨까요?" 하고 상대편에게 대답을 하도록 하면, 대답하는 쪽도 솔직히 자기의 잘못을 인정하기 쉬운 법이다.

바른 말이라면 딱 부러지게 하라는 용감한 의견도 있다. 대인 관계가 확실한 경우라면 그것도 또한 괜찮다. 젊은이끼리 솔직히 주고받을 수 있는 경우라면 오히려 돌려서 말하는 것을 싫어하리라. 그러나 사회 생활에서 이런 용기는 위험한 것이다. 이제까지 말 한마디 잘못했기 때문에 얼마나 많은 사람들이 더없이 귀중한 인간관계를 파괴해왔는지 모른다. 과격한 말보다는 부드러운 말이 위험성이 적다는 것이다.

그러므로 상대의 마음을 아프게 하는 말은 부드럽게 하도록 하라. 그것이야말로 상대를 따뜻하게 감싸주는 당신의 아름다운 마음씨이다.

▶ 대화는 쉬운 말로 시작하라

외국에서 있었던 일이다. 어떤 유명한 교수가 강연을 하게 되었다. 그런데 주최자가 특별히 다음과 같은 부탁을 하는 것이었다.

"교수님, 강연 내용이 너무 어려워도 곤란하지만 너무 쉬워서도 안 됩니다. 대략 90%는 알기 쉬운 이야기로 해주시고 나머지 10%쯤은 어려운 이야기로 해주십시오. 모두 알 수 있는 이야기라면 교수님을 얕보게 될 테니까요."

그래서 교수는 타당성이 있다고 생각해서 5%쯤은 자기도 모르는 일을 이야기했다. 그랬더니 과연 학자는 다르다는 평을 들었다고 한다. 이야기를 듣고도 모른다면 좋고 나쁘다는 평을 할 수 없을 텐데, 사람이란 의외로 어려운 말을 듣고 싶어하는 경향이 있다.

어쨌든 이야기의 내용을 그릇되지 않게 상대방에게 말한다는 것은 알기 쉽게 이야기한다는 의미이기도 하다. 이야기에서 생기는 오해는,

이야기한 내용을 잘못 받아들였다는 일에 그치지 않는다. 그것은 우리의 인간관계에도 나쁜 영향을 미친다. 그럴 셈이 아니었다, 이렇게 일이 된 것은 상대방이 내가 하는 말을 진지하게 들어주지 않았기 때문이다고 말하는 경우를 흔히 보게 된다. 알기 쉽게 이야기하는 것은, 잘못 받아들여지지 않도록 노력하는 구체적 자세인 것이다.

그럼, 표현의 자세를 생각하기 전에 '표현이란 무엇인가'를 생각할 필요가 있다. 표현은 밖으로 향해진 작용이지만, 먼저 표현하고자 하는 어떤 것이 존재할 것이다. 그것은 바깥 세계에 대한 느낌이고 이야기하는 사람의 생각이다. 적어도 이야기하는 사람의 머릿속에서 이 느낌이나 생각이 미리 정리되고 준비가 되어 있어야 한다. 자기의 생각을 종합하고 내용을 정리하지 않으면 표현할 도리가 없는 것이다. 이 작업이 충분히 되어야만, 비로소 알기 쉽고 명확한 표현이 된다. 이러한 표현은 당연히 듣는 사람의 머리에 잘 들어오고, 이해하기 쉬워진다. 즉 이야기라는 것은 한낱 말의 배열이 아니라 논리적인 내용이어야 한다.

이야기의 주어나 술어가 명확히 이해되어야 하는 것은 물론이거니와 그 의도가 무엇인지 알 수 있도록 이야기해야 한다. 하나하나의 말이 분명하고, 전체가 서로 연관되어 의미가 전달되어야 한다. 말한 사람과 듣는 사람의 이야기 내용이 일치되지 않으면 안 된다.

알기 쉽게 이야기한다는 것은 알기 쉬운 말과 알기 쉬운 발음과 알기 쉬운 표현의 종합이다. 이야기의 내용이 잘 이해되어야 인상에도 남는 법이다. 알기 쉽게 이야기하는 것, 그것이 바로 화술의 제1원칙이다.

▶ 말의 묘미는 생략에 있다

이야기를 재치 있게 끝내려면, 올바른 방법을 알아둘 필요가 있다. 사소한 일까지 지루하게 늘어놓지 않으면 직성이 풀리지 않는 사람이 있는데, 이것은 이야기의 초점을 흐려놓는 일이다. 짧으면서도 명확한 이야기로 끝마무리를 지으려면, 필요 없는 부분을 대담하게 잘라버리는 것이 중요하다.

어떤 만담가는 제자에게 단 한마디 "버려라!" 하는 가르침을 주었다고 한다.

이 버리라는 한마디 속에 그의 가르침이 들어 있었던 것이다. 이 말은 화술에도 시사하는 바가 많다. 이것은 마치 정원사가 정원의 나무를 손질할 때, 나뭇가지를 아낌없이 잘라버리는 기술과 상통한다.

물론 남기는 것과 잘라버리는 것에 대한 판단을 잘못해서는 안 된다. 모처럼 좋은 이야기 재료를 가지고서도 서투른 말솜씨 때문에 중요한 부분을 잃게 된다면 아까운 일이다. 이야기의 목적을 의식한 날카로운 선택안이 없어서는 안 된다.

"갑자기 물이 불어났으므로 나는 2층으로 피했다. 올라간 뒤 힐끗 뒤를 돌아보았더니 벌써 계단은 보이지 않았다."

너절하게 말하느니보다 홍수의 속도를 이렇게 표현한다면, 굉장한

긴박감과 속도감을 느끼게 된다. 쉽게 예를 들어 말하는 것도 중요하지만, 그것은 우리들의 이야기 전체를 통해서도 중요한 작업이다.

중요한 점을 강조하려면 되풀이하는 일도 필요하다. 그러나 같은 말을 고장난 레코드처럼 되풀이하면 누구나 지겹다며 고개를 흔들게 될 것이다. 화술의 대가라고 일컬어지는 사람도, 뒷전으로 "혼자 잘도 지껄여대는군." 하고 비웃음을 받는 일이 있다. 본인은 중요하다고 생각하고 열심히 이야기하고 있지만, 상대는 이미 지루함을 느낀 것이다.

한마디로 말해서, 식사에도 적당한 분량이 있듯이 이야기하는 데에도 적당한 시간이 있다.

생략은 충실이란 말과 같다. 밀도 짙은 이야기가 되기 위해서 필요 없는 것은 버리는 용기를 가져야 한다.

인간의 가치는 그가 얼마나 보람된 시간을 가졌느냐에 있지 않을까. 이런 점에서 생각해본다면, 인간이란 그 누구나 내면의 충실을 기하게 된다. 따라서 말이라는 것도, 즉 화술이라는 것도 그 사람의 내면에서 우러나오기 마련이다.

사람은 저마다 자신만의 독특한 어휘와 음색을 지니게 되지만, 특히 조리 있고 품위 있는 언어를 구사하려면 진부하게 이야기를 늘어놓는 일은 피해야 한다. 다시 말해서 맺고 끊는 맛을 알아야 하며, 그러자면 말의 여운이 갖는 묘미를 터득해야 할 것이다.

▶ 말의 핵심을 강조하라

자기 주장을 강조하기 위해 필요한 측면만을 확대시키는 방식이 있다. 일종의 이야기의 마술이다.

어떤 사람이 외국 여행에서 돌아와 이렇게 말했다.

"그 나라의 일상 용어 몇 마디만 알면 그다지 불편을 모르겠더군."

이 말을 들은 사람이 이렇게 비난했다.

"그러면 몇 마디 용어로 족한 여행밖에 하지 않았다는 말인데, 그것만으로는 그 나라 민족의 세밀한 감정이나 사고방식을 알 수 없지 않은가."

물론 이것에는 앞서의 이야기가 있으므로 일률적으로 말할 수는 없지만, 여기에서는 양쪽 모두 자기가 주장하고 싶은 입장에서 말을 하고 있는 데 불과하다. 여행에서 돌아온 사람은 '일상의 용무'는 그런 대로 불편이 없었다'는 입장에서 이야기하고 있다. 더구나 몇 마디란 뜻은 아마도 '그렇게 많지는 않더라도'라는 의미이리라. 그것을 듣고 비난을 한 사람 역시 자기가 의도한 입장에서 한 걸음도 나서지 못하고 있다. 먼저 사람은 '그다지 불편을 모르겠다'라고 말했을 뿐이지, '세밀한 점이나 상대의 감정 또는 사고방식까지 안다'고는 말하고 있지 않다. 이 점을 확대시켜 파악하고 있는 곳에 말의 마술성이 있다.

그리고 우리도 알게 모르게 이런 일을 범하고 있다. 이야기가 지나치게 확대되면 말하고 싶은 점이나 강조하고 싶은 측면이 흐려지게 되므로 무의식중에 그렇게 되고 만다. 그래서 앞서 설명한 것처럼 불필요한 것은 생략한다는 방법을 쓰는 것인데, 여기서는 오히려 요점을 확대하고 강조하여 그 점을 인상깊게 하도록 하려는 것이 목적이다.

이야기하는 목적과 일치하는 면을 확대하고 강화하여 전면에 내세운다. 시간이 충분치 않을 때, "왜 이 이야기를 하느냐 하면, 실은 이런 일이 포함돼 있기 때문입니다." 하는 식으로 강조점을 확대하여 보이는 방법도 있다.

"뭐야, 겨우 그런 일이야, 하고 생각하실지도 모릅니다만, 나는 평범한 그 한마디에 새삼 L씨의 따뜻한 마음을 느낄 수가 있었던 것입니다."

이렇듯 어떤 예를 들어 이야기했을 때 상대방이 금방 이해하지 못하는 듯한 표정을 지었다면, 그 의미를 강조해 보이는 것도 효과적인 방법이다.

고정된 초점에 맞추어 찍은 사진은 전체가 지나치게 뚜렷하여 어디가 중심이 되는지 모른다. 찍고 싶은 곳에 초점을 맞추고 다른 면은 흐리게 찍는 편이 작자의 의도를 돋보이게 할 수가 있다. 화술도 이와 마찬가지다. 약하다, 뚜렷하지 못하다, 선명치 않다고 할 때는 그 측면을 확대하거나 강조하여 파고들도록 한다. 다만, 지나친 과장은 이야기 전체의 품위를 떨어뜨리므로 주의하지 않으면 안 된다.

▶ 화술에는 다양한 재료가 필요하다

주제를 명확하게 하거나 어떤 일을 납득시키기 위해 이야기하는 것이라면, 그 복선이나 뒷받침이 될 화제가 대단히 강렬해야 한다. 어떤 특수한 상황에서 성립되는 이야기나 자기 혼자만 즐기는 이야기 재료에서 제멋대로 결론을 끌어내어 듣는 사람에게 강요하는 사람이 있는데, 이해시키고 납득시키기 위한 이야기에는 보편성이 있어야 한다.

상대방의 생각을 바꾸려고 할 경우, 한 가지만으로 안 된다면 같은 성격의 이야기 재료를 두세 가지 서로 짝지어 말하면 그 주장이 강화된다. "나는 이런 체험을 했다.", "신문에서 이런 것을 읽었다.", "전문 분야의 사람에게서 이와 같은  말을 들은 일이 있다."는 등, 몇 가지의 이야기 재료를 결합함으로써 그 주장을 보강하는 것이다. 물론 이 방법은 그 분량이 위력을 발휘할 뿐 아니라, 이야기의 과정에서 양으로부터 질로 전환이 되는 것이다.

시간의 제약이 있어 몇 가지 이야기 재료를 결합할 수가 없다면, 말만으로 요점을 확보할 수도 있다. "여기에 예로 든 것은 한 가지 보기에 지나지 않습니다만, 이와 같은 일은 우리 주위에 얼마든지 있고 여러분도 이미 경험하셨으리라 믿습니다."라고 하면, 얼마쯤 주제를 선명하게 부각시킬 수가 있다.

▶ 이야기는 일관성 있게 해라

정리된 이야기란 말하는 사람의 머릿속에 이야기가 정리되어 있다는 뜻이다.

그저 생각나는 대로 말했을 뿐이라면, 그것은 이야기가 되지 않는다. 이야기는 이야기하는 사람의 생각을 바르게 표현하고 있지 않으면 안 된다. 그리고 이야기하는 사람의 의도가 제대로 전달되지 않으면 안 된다. 주제가 선명치 못하거나 주제가 어느덧 사라져버리는 이야기도 있다. 이러한 것은 정리가 잘 안 된 이야기의 표본이다.

정리된 이야기를 하려면, 주제를 분명히 내세우고 결론을 말로 표현하는 것이 중요하다. 또 이야기하는 사람에게는 사상의 일관성이 요구된다. 그리고 쓸데없는 말이 들어 있으면 중요한 점이 흐려져 이야기에 통일성이 결여한다. 반대로 너무나 줄이면 무미건조해진다. 그러므로 적절히 정리되지 않으면 안 된다. 또 이야기의 배열을 잘못했기 때문에 듣는 사람으로 하여금 오해를 하게 하거나 흥미를 잃게 하는 일도 있다. 정리된 이야기를 하는 데도 여러 가지 배려가 필요한 것이다.

듣는 사람을 혼란케 하는 두서 없는 이야기는 말하는 사람의 머릿속에서 정리되어 있지 않았음을 나타낸다.

잘 정리된 일관성이 있는 이야기를 하려면 어떻게 해야 좋은지 생각해보자.

(1) 목표를 세운다

어떠한 이야기든지 주제를 살리기 위한 흔들림

이 없는 일관된 목표가 서 있지 않으면 중심이 없는 이야기가 된다. 그리고 주제를 내세우기 위해서 어떠한 근거를 갖고 있는지 스스로 물어볼 필요가 있다. 이것을 하지 않으면 듣는 사람은 어째서 저런 것을 자꾸만 주장하는 것일까, 궁금히 여기게 된다. 주제를 벗어난 이야기나 시대 착오적인 이야기가 되는 것은 목표를 잘못 세운 데서 비롯되는 경우가 많다. 또 목표를 여러 개 세우게 되면 이야기 전체의 통일성이 없어진다. 하나의 이야기에는 반드시 하나의 목표를 세워야 한다.

(2) 주제를 확립한다

주제란 이야기의 압축된 요점이고 이야기 전체의 결론이기도 하다.

일반적으로 주제의 결정은 이야기하는 사람에게 맡겨져 있는 법이다. 그러나 이야기하기 전에 모임의 주최자 등으로부터 주제를 제시받고 의뢰되는 일도 있다. 그럴 때 의뢰한 사람과 같은 생각이라면 문제가 되지 않지만, 생각이 다를 경우에는 양자를 조정할 수밖에 없다. 그것이 불가능하다면 깨끗이 사양해야 한다. 주제는 애매하지 않고 분명한 말로써 제시하는 것이 바람직하다.

(3) 마무리의 기본

이야기를 마무리함에 있어 몇 가지 고려할 조건이 있다.

① 이야기 전체를 주제로 통일한다 – 이야기가 지루하다고 평판을 듣는 사람은, 이야기가 주제에서 벗어나거나 같은 말을 자꾸만 되풀이하기 때문이다. 이것은 이야기를 통일된 주제로 이끌지 못해서다.

② 부분과 부분의 연결을 자연스럽고 명확하게 한다 – 어떤 이야기를 하다가 느닷없이 다른 이야기로 옮기는 사람이 있다. 비약이나 단

층이 있으면 듣는 사람이 불안감을 느낄 뿐 아니라 이해하는 데 어려움이 있으므로 피해야 한다. 먼저 이야기와 다음 이야기가 어떤 연결을 갖고 있는지, 듣는 사람이 명확히 이해하도록 연결점을 생각하고서 이야기하는 것이 좋다.

③ 한정된 시간 안에 끝나도록 마무리짓는다 – 시간의 분배가 서투르면 전체의 무게가 없어진다. 서두만 장황하지 결말은 없는 이야기가 흔히 있다. 이른바 용두사미이다. 시간 내에 끝날 수 있도록 내용의 분배에 신경을 쓰지 않으면 이렇게 되고 만다. 서두는 별 내용이 없고, 뒤에 이

르러 이 얘기 저 얘기를 쏟아놓는 불균형한 경우도 있다. 또 시간이 되었기 때문에 급히 끊어버리는 경우도 있다. 이것들은 모두 좋지 않다.

그런데 정리된 이야기를 하는 사람은 사물의 경중을 헤아릴 줄 아는 사람이다. 어느 것을 버리고 어느 것을 남기는가, 또 어떤 배열로 이야기하면 내용을 바르고 생생하게 파악할 수 있는가를 아는 사람은 인간의 마음의 법칙을 이해하고 있는 사람이기도 하다. 그러므로 그 사람 자신이 보편적인 척도를 지니고 있다고 할 수 있다. 이와 같은 사람은 집단을 솜씨 있게 이끌어나가는 통솔력을 발휘할 수 있다.

▶ 듣게 하는 화술의 요령

이야기를 듣는다는 것은 어떤 의미로는 노동이다. 눈, 몸, 머리의 노동을 동반한다. 그러므로 말하는 사람이 조금 방심하면, 듣는 사람은 곧 다른 데로 마음을 돌린다. 따라서 오랫동안 이야기에 귀를 기울이도록 하려면 그만큼의 노력이 필요하다.

듣는 사람은 매우 변덕스럽다. 어떤 때는 귀를 기울이고 있다가도 극히 하찮은 일로 곧 이야기를 듣지 않게 된다. 그런 때 이야기하는 사람은 상대방을 끌어들여 계속 귀를 기울이도록 노력해야 한다. 들어주지 않는다면 입만 아프고 말한 의미가 없어지기 때문이다. 잘 듣게 하기 위한 구체적인 요령은 다음과 같다.

(1) 이야기에 변화를 준다

아무리 맛있는 음식이라도 매일 먹게 되면 싫증이 난다. 같은 투로 계속 말을 하면 듣는 사람은 자신도 모르게 해이해지고 이야기를 의미있게 받아들이지 않게 된다. 사람은 움직이고 변화하는 것에 흥미를 느낀다. 이야기도 마찬가지다.

① 목소리의 정도 – 높낮이, 세기, 억양 등은 이야기의 단조로움을 깨뜨릴 수 있다.

② 추상과 구체적인 것의 혼용 – 추상에서 구체적인 이야기로, 구체적인 것에서 추상으로, 또는 집약적인 말을 설명이나 해설에 의해 구체화한다.

③ 회화에 의한 변화 – 추상적인 논리 전개, 해설이나 설명조만이 아닌 실제의 회화를 그대로 채택하면 듣는 사람이 마음의 여유를 갖게 된다.

(2) 듣는 사람에게 관심을 나타낸다

듣는 사람을 이야기에 끌어들이려면 친근감을 느끼게 하든가 흥미를 갖게 해야 한다. 단 다음과 같은 점에 주의한다.

① 한 사람만을 대상으로 삼지 말 것.
② 듣는 사람을 화제 속의 나쁜 인물과 연결시키지 말 것.
③ 듣지 않는 사람에게는 따끔하게 일침을 가할 수도 있다.

(3) 졸음을 없애는 방법

① 칠판에 글씨를 쓰고 눈을 바라보며 "이것이 중요합니다." 하며 호소한다.

② 도표나 텍스트를 제시한다.
③ 재미있는 예를 들어 부드러운 분위기로 유도한다.
④ 희로애락에 호소한다.
⑤ 웃음이나 유머로 장면의 전환을 꾀한다.
⑥ 휴식 시간을 주거나 게임을 한다.

(4) 몸짓을 사용한다

시각에 호소하고 이야기를 생동감 있게 한다. 단 목적에 어울리는 몸짓이어야 한다. 불필요한 움직임은 버릇에 불과하다.

(5) 감동적인 이야기를 한다

현대는 감동이 없는 시대라고 한다. 마음을 씻는 듯한 이야기를 삽입하면 듣는 사람이 귀를 기울일 것이다.

(6) 이야기에 흥분이나 긴장 따위를 삽입한다

같은 것을 같은 투로 계속 듣게 되면 심적 포화감 때문에 거부하고 싶어진다. 듣는 사람은 변화를 찾기 마련이다. 그러면 이야기 전체의 흐름 속에서 어디를 강조하면 좋은지를 살펴보자.

① 서론의 절정 장면 - 사람은 맨 처음 내용에 강한 영향을 받기 쉬운 법이다. 따라서 이야기 첫머리에서 재빨리 청중의 마음을 사로잡는 것이 필요하다. 그러기 위해서는 다음과 같이 해야 한다.

ⓐ 그 장소에서 이야기 재료를 수집한다.
ⓑ 신변에 관련된 재료를 화제로 올린다.
ⓒ 나중의 이야기와 직접 관계 있는 것부터 들어간다.
ⓓ 질문을 던진다.
ⓔ 격언, 명언, 속담으로 시작한다.

② 본론의 절정 장면 - 이야기의 중심이 되는 것이므로 미리 알리고, 되풀이한다. 요점을 강조하며, 그 이야기의 현상, 문제점, 원인, 대책, 구체적인 방법론 등 이야기의 목적에 따라 여러 가지로 강조한다.

ⓐ 요점을 반복하고서 끝맺는다.
ⓑ 청취자의 도움을 받으며 끝맺는다.
ⓒ 기원, 소원 따위를 내걸고 끝맺는다.
ⓓ 감동적인 이야기를 예로 들며 끝맺는다.
ⓔ 듣는 사람으로 하여금 생각하게 하여, 문제를 제기한다.

ⓕ 최후의 열변을 토한다.

▶▶ 시간에 맞춰 이야기하라

예정된 시간이 지나도 계속해서 이야기를 하는 사람이 있다. "이제 됐습니다." 하는 청중의 마음을 모르는 것은 참으로 안타깝기만 하다.

국어 교육에 종사하고 있는 선생님들의 연수가 있었다. 이 분야에서 이름이 알려져 있는 여선생이 '나의 실천에서'라는 기념 강연을 했다. 그녀는 이 강연에서 "어린이에게 이야기하는 시간은 3분이 적당합니다. 5분 이상이 되면 자기가 한 이야기에 아무리 만족한다 해도 효과가 없습니다. 짧게 이야기를 합시다."라고 되풀이 강조하고 있었다.

그런데 1시에 끝날 예정인 강연이 1시 30분이 되어서야 겨우 끝났다. 수강생들은 이 사실에 놀랐다. 그날은 참가자가 5백 30명이나 되었다. 그리하여 그 강사는 여러 가지로 비난을 듣고, 인기마저 잃고 말았다. 때마침 나도 그 자리에 있어 진심으로 가엾게 여겼지만, 본인은 의외로 태연했기 때문에 이상한 기분이 들었던 적이 있다.

군더더기를 없애라, 시간 낭비를 없애라, 필요 없는 것은 대담하게 버려라. 간결함 속에 이야기의 좋은 점이 있음을 알아야만 한다. 서투른 긴 이야기는 이야기하는 사람이 내용에 관해 충분히 소화하지 못하고 있기 때문에 생기는 것이다.

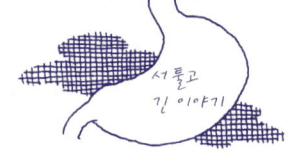

윗사람 중에 부하에 대한 비평을 지루하게 늘어놓는 사람이 있다. 그것은 비평해야 할 일을 정확히 파악하고 있지 않기 때문이다. 자신 있게 '좋은 점이 둘, 고쳐주어야 할 점이 하나'라는 식으로 짧게 요령 있는 비평을 한다. 자기의 전문 분야이니까 톡톡히 설교를 해야겠다고 마음먹는 사람도 있다. 또 알맹이는 간단한데 여러 가지 예를 덧붙여서 들려주려고 하는 사람도 있다. 물론 예를 제시하는 것은 그런 대로 효과가 있기는 하지만, 그것을 중심적으로 이야기하면 중요한 부분을 잊고 사소한 부분에만 사로잡히고 만다. 예로 든 이야기만이 과장되어 어떻게 주제나 주장과 연결되어 있는지 모르는 결과를 초래한다.

튼튼하게 지어진 건물은 세찬 비바람에도 오래 견딜 수 있는 법이다. 겉모습은 좋은데 이삼 년만 지나면 여기저기 무너지는 부실 공사 주택이면 곤란하다. 이야기의 경우도 뼈대가 시원찮으면 이야기 전체가 무너지고 말기 때문에 뼈대만은 튼튼히 하고 그 나머지는 그때의 상황에 따라 살을 붙이고 맛을 내도록 하면 된다.

뼈대만을 이야기한다면 아주 짧은 시간에 끝난다. 그러나 그것만으로는 흥미를 돋울 수도 없거니와 설득력도 약하다. 그 필요한 몫만큼 부풀려서 이야기하는 일이 중요하다. 그렇게 하면 효율적인 이야기가 된다. 일반적으로 이야기의 효과는 이야기하는 시간에 반비례한다는 사실을 기억해라.

▶▶ 주제를 벗어난 대화를 삼가라

이야기의 효과를 올리기 위해서는 이야기 내용이나 예 등 모든 것이 주제와 일관되되어야 한다. 그러기 위해서는 고도의 사고력과 세밀한 주의력이 밑바탕되어야 한다. 또 즉각적인 분석과 종합을 할 수 있는 두뇌 회전이 요구된다. 이것들이 없다면 이야기는 흐트러지고 만다.

이야기를 혼란시키는 예를 든다면 다음과 같다.

① 단편적인 것.
② 지나치게 긴 것.
③ 논리가 약한 것.
④ 정확한 맺고 끊음이 없는 것.
⑤ 대명사나 수식어가 애매한 것.
⑥ 강조점이 선명치 못한 것.
⑦ 예가 적절치 못한 것.

그 중에서도 주제에서 벗어나는 것, 본래 줄거리에서 샛길로 빗나가는 것, 목적의 혼동, 뒤바뀜, 분산, 변경 등에 특히 조심하지 않으면 안 된다. 이것은 듣는 사람을 혼란하게 할 뿐 아니라 이야기하는 사람의 두뇌 구조도 의심받는다.

이야기하는 것을 직업으로 삼는 사람일지라도 이게 아닌데, 하고 생각되는 일이 있다. 특히 많은 사람 앞에서 이야기할 때에는 굳어버린다. 그렇게 되면 이야기의 목적이나 지금 이야기하고 있는 내용을 모르게 되어버리는 일이 흔히 있다. 모처럼 이야기가 잘 되어가고 있을 때에 듣는 사람 몇이 웅성거리면 행여 잘못된 이야기를 한 것은 아닌지 신경이 쓰인다. 이렇게 되면 사고가 딱 정지되고 만다.

말이 옆길로 나갔다면, 엉망진창이 되기 전에 손을 써야 한다. "본래 주제로 돌아갑시다.", "샛길로 빗나갔군요."라고 솜씨 있게 되돌아간다. 또 "여러 가지로 이야기했지만, 말하고 싶었던 것은 이런 것이었지요." 하고 핵심을 잡게 되면 구원받는다. 산에서 조난 당하면 원점으로 되돌아가는 것이 원칙이다. 이와 마찬가지다.

사람은 이야기를 들을 때 한 마디, 한 구절을 빠짐없이 듣고 있는 것이 아니다. 그러므로 이야기에 익숙한 사람은 지엽으로 흐르게 되면 "…라는 까닭으로" 하고 계속한다. 듣고 있는 사람은 "…라는 셈이로구나" 하고 수긍한다. 그렇다고 해서 너무 속임수를 써서는 안 된다. '다시 말하면'이라는 말로써 마무리하는 사람도 있다. 대개 이와 같은 마술적인 말이 아니더라도 앞에 예로 든 솔직한 방법으로 본래의 줄거리에 돌아갈 수가 있다.

▶ 주장은 분명하게 하라

옛날에는 여성을 연약한 존재라고 했다. 자기의 주장 따위는 내세우지 않는 편이 여성다웠다. 직장여성 하면 어딘가 극성스럽고 딱딱하며 남성적인 생활력이

연상되었다. 따라서 가냘프고 얌전하게 자란 여자가 결혼 대상으로서 최고라고 여겨졌다. 이 역시 세상의 추악함에 물들지 않은 청순함을 연상해서였으리라. 그러므로 말수 적은 것이 여성의 특징이었다. 아니 오히려 말을 하지 않는 것이 높게 평가되었다. 여자인 주제에, 이런 말이 통념적으로 쓰였다. 아니, 지금도 일부에는 뿌리깊이 남아 있다. 그렇긴 해도 '여자처럼 우물거린다'는 따위의 표현은, 결정적인 결단을 내리지 못하고 우유부단하거나 확실치 못한 경우에 비난하는 말이다.

무엇을 어떻게 하겠다는 것인지 도무지 모를 이야기, 우유부단하고 갈피를 잡을 수 없는 이야기, 결론을 분명히 말하지 못하는 김빠진 이야기, 이것들은 이야기하는 사람의 약점을 폭로시킬 뿐 아니라 힘찬 데가 없어 상대편을 짜증나게 만든다. 설득을 목적으로 할 때에 이런 확실치 못한 이야기를 한다면 당장에 실패한다.

단정할 만한 자신감이 없다든가 잘라 말할 수 있는 자료나 뒷받침이 없는 일까지 단정할 필요는 없다. 학자적인 양심에서 "이런 것이 아닌가 생각합니다만, 어떨까요. 자신이 없습니다."라고 담담하게 대답하는 교수님이 계시다. 그런데도 굉장히 박력을 느끼게 한다. 잘라 말하지 않는 이 박력은, 그 일에 관하여 자세히 알고 난 뒤에 나오는 말이기 때문이다. 즉 모두들 알고 있지 않다는 것을 잘 알면서 이야기하고 있기 때문이다. 거기까지 이르지 못한 사람이 확실치 못한 흐릿한 말을 하고 있다면, 효과는 전혀 반대이다. 상대방을 불안하게 하거나 흔들리지 않게 하기 위해서는 다음과 같은 형태로 잘라 말하면 좋다.

"나는 이런 입장을 취하고 있습니다."

"우리들의 연구소는 이렇게 말하고 있습니다."
"전문가들 사이에도 이 말이 인정되고 있지요."
"이것은 최근 많은 관계자로부터 옳다고 평가되고 있습니다."

물론 얄팍한 근거로 이와 같은 단정을 한다면 곧 밑천이 드러나 역효과를 초래한다. 오히려 "그 일에 관해서는 나도 잘 모릅니다." "저로서도 모릅니다."라고 말할 수 있는 자신감을 갖도록 해라. 내용이 없는 사람일수록 허세를 부리고 자신 없는 대답을 했다가 실패를 하는 법이다.

앞서의 학자와 같이 잘 모른다는 한마디는 그 이면에 방대한 지식과 사색이 있은 다음에야 비로소 말할 수 있다는 것을 명심하기 바란다.

▶▶ 모든 판단은 상대방이 한다

상대방이 귀를 기울여 들어준다고 해서 곧 이야기의 효과가 있는 것은 아니다. 왜냐하면 무엇을 이야기해도 좋다는 권리는 이야기하는 사람이 갖고 있지만, 이야기의 최종적인 결정권과 심판권은 듣는 사람이 갖고 있기 때문이다. 이야기하는 사람은 입을 열기 전부터 듣는 사람의 결정권에 조건 설정이 되어 있는 것이다.

이야기하는 사람은 언제나 의뢰한 사람이 제시한 조건을 염두에 두고서 이야기하지

않으면 안 된다. 이야기란 목소리를 낼 때 시작되는 것이 아니다. 이야기하기 전에 상대로부터 조건이 제시되는 그 순간부터 시작된다고 생각해야 할 것이다. 이것에 맞추지 않으면 듣는 사람이 귀 기울여 들어주지 않으며, 이야기의 효과를 바랄 수 없다.

그러므로 혹시 잘못 되었을 경우, "실례했습니다.", "그럴 속셈으로 말씀드린 것은 아니었습니다만, 내 표현이 서툴렀다고 생각됩니다." 하고 이에 대응해나가지 않는다면, 이야기는 그것으로 흐지부지되고 만다. 이야기란 이렇듯 응하고 대답해가는 대화인 것이다.

이렇게 말하면 "그렇다면 이야기란 상대의 뜻에 맞추는 것입니까?"라고 말하는 사람이 있는데, 그렇지는 않다. 이야기의 내용이나 목적은 어디까지나 이야기하는 사람이 주체이지만, 말하는 데 있어서는 듣는 사람이 주체라는 뜻이다.

이쪽의 의사를 전하고 상대에게 행동을 하게 하는 등, 이야기의 효과를 올리려고 생각한다면 상대가 제시하는 조건을 찾아내어 이것을 살려나가지 않으면 안 된다.

일반적으로는 이 조건 속에는 다음과 같은 것이 포함되어 있다.

(1) 신체 언어

사람은 환경에 지배되기 쉬운 동물이다. 이야기하기 쉬운 장소, 듣기 쉬운 장소를 만드는 일이 화술의 기본이다. 신체 언어는 악수를 하고, 키스를 하고, 포옹하는 등, 본래는 개인적인 교제를 중심으로 한 육체 언어이다. 나는 인간의 개체가 거리에 의해 다양한 영향을 받는다는 점에서, 장소의 문제로 이것을 다루고 있다. 소음이 심할 때는 창문을 닫으며, 사람이 옆을 지날 때는 이야기를 중단하고, 소란스럽다면 조용해지기를 기다린다. 이야기하기 쉬운 장소, 듣기 쉬운 장소를 조성하는 것은 신체 언어의 응용이다.

(2) 몸짓 언어

말만으로 의도하는 것을 나타내지 못할 때는 몸짓에 의해 그 미묘한 내용을 나타내는 것도 필요하다. 크기나 시늉, 방향을 나타내는 등, 시각까지 동원하게 되면 이야기에 생동감이 있게 된다. 다만 몸짓 언어라는 것은 말을 보강하고 단조로움을 깨뜨려주며 시각에 의한 주의력을 불러일으키는 목적을 가진 것이므로, 그저 마구 손을 움직여서는 안 된다. 무의미한 움직임은 버릇에 불과하다.

(3) 사물 언어

몸짓, 태도, 표정 등 사람은 눈으로부터 자극을 매우 깅하세 받는 법이다. 듣는 사람은 이야기하는 사람이 입을 열기 전부터 그의 복장과 머리 모양 등 말하는 사람에 딸린 사물에 의해 평가한다. 사람의 90% 이상이 첫인상으로 상대방을 평가한다고 한다. 따라서 사람과 만날 때, 이야기를 할 때, 몸가짐을 단정히 하고 대하는 일이 매우 중요하다.

(4) 행위 언어

잠자코 있어도 그 사람이 있다는 것만으로 즐거운 기분이 들게 하는 사람이 있다. 그 사람 자체에서 풍기는 인품에도 관계되지만, 대부분은 웃는 얼굴로 상대방을 대하기 때문이다. 밝은 표정은 사람들의 마음을 밝게 한다. 인간은 어두운 것을 좋아하지 않는다. 어두운 것에는 여러 가지 부정적인 면이 있기 때문이다. 행위 언어의 하나는 표정에 의한 것인데, 이야기할 때 상대에게 큰 영향을 주는 것에는 이야기하는 사람의 태도가 있다. 태도는 눈에 주는 자극 중에서도 가장 큰 것이다.

(5) 기호 언어

우리들이 이야기할 때 쓰는 말, 이것이 기호 언어이다. 이야기는 말이 전부가 아니지만, 말은 이야기의 중요한 요소이다. 대화의 수단에는 여러 가지가 있지만, 기호 언어에 의한 것이 압도적으로 많다. 그러므로 말의 성질이나 특징을 파악하고서 사용하는 일이 중요하다.

▶ 적극적으로 들어라

사람은 스스럼없는 상대와 부담 없이 이야기를 하고 싶어한다. 마음껏 말하고 나면 말하고 싶다는 욕망을 만족시킬 수가 있기 때문이다. 이야기한다는 것은 자기를 해방시키는 것이다. 최근 자기의 이야기를 들어달라고 병원에 달려가는 사람이 얼마나 많은지 모른다. 이것은 세계적인 풍조 같다.

누구나 자기를 주장하고 자기를 표현하고 싶은 강한 욕구를 가지고 있다. 그 욕구를 채워주는 사람이 있으면 그 사람에게 있어 이 이상 반가운 상대는 없다.

그런데 역설적이지만 듣는 일은 일종의 가혹한 노동이다. 그러므로 대개 자기의 입장에서 듣게 된다.

① 화제나 내용에 친근감이 없다.

② 이야기에 관심이나 흥미가 없다.

③ 자기가 하고 싶은 말이 있다.

④ 이야기하는 사람에게 호감을 가질 수 없다.

⑤ 이야기가 길기 때문에 끈기가 없고 집중해서 듣지 못한다.

이렇게 되면 주의를 기울여 듣지 않거나, 상대를 무시하는 태도로 나가거나 침묵을 지키고서 예의상 듣게 된다. 이런 태도는 말하는 사람의 의욕을 극도로 저하시키며 자존심에 상처를 주고 불쾌감을 준다.

또 자기도 모르는 사이에 다음과 같은 태도가 되기 쉽다.

① 감정에 빠져 내용을 냉정히 받아들일 수 없다.

② 자기를 주장하는 데 바빠 듣는 여유가 없어진다.

③ 성급히 상대를 평가하여 판단을 그르치기 쉽다.

듣는다는 것은 마음을 열어준다는 뜻이다. 듣는다는 것은 넓음과 여유 있음을 보여준다고 할 수 있다. 상대를 받아들이는 선의나 애정이 밑바닥에 없으면 참된 의미의 좋은 청중이 되지 못한다. 상대를 사랑하기 때문에 귀를 기울인다. 즉 사랑한다는 것은 구체적으로 말해서 귀를 기울이는 노력에서부터 시작된다고 할 수 있다.

이야기하는 사람을 만족시키는 좋은 방법으로서 다음과 같은 것이 있다.

① 고개를 끄덕이며 듣는다.

② 반문을 해가며 듣는다.

③ 불분명한 점은 확인하면서 듣는다.
④ 보충이나 조언을 해가며 듣는다.
⑤ 시간을 들여 이해하려고 한다.
⑥ 어떻게 하면 좋은가, 이야기하는 사람이 무엇을 기대하고 있는가를 알아차린다.

이야기하는 사람은 내용적으로 이야기의 목적을 달성할 결정적인 말을 했다는 충족감도 있지만, 한편으로는 이야기를 많이 했다는 것에 만족한다. 그러므로 긴 이야기에 상대해야만 하기 때문에 잘 듣는다는 것은 끈기가 필요한 노동인 것이다.

강연 장소에서 앞자리부터 채워지는 일은 매우 드물다. 뒷자리부터 채워진다.

"부디 앞으로 나오십시오." 하고 말하면 한바탕 소동이 벌어진다. 서로 사양하고 "당신께서 앞으로." 하며 어수선해지기 때문이다. 앞좌석이 텅 비고 뒤에만 사람이 있는 연설 회장에서는 강연자가 강연하기 아주 힘들다.

앞으로 나오지 않는 것은, 듣는 일이 그만큼 어렵다는 것을 상징적으로 나타내지 않나 싶다. 잘 들어주는 사람이 많은 회장에서는 이상하게도 강연자의 머리 회전이 빨라지고 그 즉석에서 여러 가지 좋은 생각도 떠오르는 법이다. 반대로 잘 들어주지 않는 사람이 있거나 도중에 강연장을 빠져나가는 사람이 있으면, 이야기가 어색해지고 흐름이 끊어진다. 이야기하는 쪽에서 그렇게 되지 않도록 노력하는 일도 필요하지만, 청중 쪽에서도 조금이라도 도움이 될 수 있도록 서로 협조해야 한다.

이야기하는 사람이 말할 의욕을 잃지 않도록 조심해라. 이야기하는 사람이 말한 것에 만족을 느끼도록 하고, 말하는 사람의 이야기에 대답할 수 있도록 본심을 파악하는 노력을 해라.

그런 조건을 갖춘 훌륭한 청중이 되어라. 그저 들려오니까 들어준다는 마음이 아니라 적극적으로 귀를 기울여서 듣도록 노력해라. 듣는다는 것은 참는 노력이기도 하다. 그런 의미에서 엄격하고도 가혹한 자기 수도의 과정이라고도 할 수 있다.

▶ 상대방에게 반응하며 들어라

잘 듣게 되는 과정은, 우선 상대가 무엇을 말했는지를 '알아듣는' 일부터 시작된다. 외국인과 이야기할 때 잘 대응하지 못하는 것은 말 자체를 모르기 때문이다.

그러나 어떤 말을 했는지는 알아도 말의 나열이나 단지 몇 마디 말을 알아들었을 뿐이라면, 이야기의 의미를 파악할 수가 없다. 하나의 종합된 의미로서 이해하기 위해서는 '판별'이 필요하다. 그러나 이렇듯 목소리가 되어 나온 말을 지적으로 해석할 뿐이라면, 아직도 요점을 파악한 것이 아니다. '들으며 거기에 몰두하는' 정서적인 듣는 자세가 필요하다. 이야기하는 사람에게 올바르게 대응하기 위해서는 이와 같은 종합적 자세를 갖추어야 한다.

잘 듣는 일의 기본적 조건은 우선 이해하는 일이다. 그러기 위해서는

첫째, 들은 말을 머릿속에서 의미 있는 구절로 나눈다. 이것을 단락이라고 한다.

둘째, 각 단락 속에서 중심이 되는 단어와 구와 절을 발견한다.

셋째, 이들 단락과 단락이 어떻게 결부되어 있는가, 왜 이와 같은 배열이 되어 있는가, 그 관련을 확실히 파악하며 듣는다.

그러기 위해서는 이야기를 기계적으로 들은 그대로 기억할 것이 아니라, 말을 바꾸거나 배열을 다르게 해본다. 이 작업에 의해서 머릿속에 그 내용의 명료한 도식을 만들어낼 수가 있다. 이와 같은 듣는 방법을 통해 비로소 적절한 대응이 가능하다.

이와 같은 듣는 방법을 갖추기 위해서는 먼저 이야기를 듣는 자세를 갖출 필요가 있다. 이야기를 듣는 것은, 그저 조용히 있는 것만을 말하는 것이 아니다. 적극적으로 맞장구를 쳐가며 듣는 것을 말한다. 마음으로, 태도로, 눈으로, 표정으로, 말로 맞장구를 치는 것이다.

특히 말의 맞장구를 적절히 치지 못하면 대화가 딱딱해지고 계속될 수 없다. 그러나 똑같은 맞장구나 과장된 것은 좋지 않다. 대화를 매끄럽게 이끌어나갈 맞장구는 다음과 같은 것이 있다.

➜ 동의의 맞장구 - 정말 그렇군요/그래/물론이지요/동감입니다.

➜ 동정의 맞장구 - 너무하군/가엾군/딱한 노릇이군요/심정을 알고도 남음이 있습니다.

➜ 기쁨의 맞장구 - 축하합니다/야 신난다/무엇보다도 다행입니다/

그것 잘 되었군/좋은 일이 아닌가.

➡ 반대의 맞장구 - 그럴 리가 없겠지요/천만에 도무지 믿어지지 않는다/아냐.

➡ 의문의 맞장구 - 그럴까요/어쩌면/설마/아무려면.

➡ 주저하는 맞장구 - 하지만/설마/그럴 수야/글쎄요.

➡ 놀라움의 맞장구 - 오오/어머나/정말 놀랍군요/그건 훌륭한 일입니다.

➡ 유도하는 맞장구 - 그리고 어떻게 되었습니까/아니 그렇다면/다음은.

➡ 전환의 맞장구 - 그건 그렇고/이야기가 바뀌지만/다른 일이지만.

상대편의 이야기 사이에 이상과 같은 말을 해가며 잘 듣고 있다는 표현을 상대에게 하라.

➡ 잘 들으면 거기에 해답이 있다

L씨는 책 세일즈맨이다. 처음 입사했을 무렵에는 다리가 뻣뻣해질 정도로 걸어다녔지만 성과가 오르지 않았다. 그래서 자기는 세일즈에 적성이 맞지 않는다고 생각하기조차 했다.

그런 어느 날 무작정 한 집을 방문했다. 문을 열고 나온 젊은 부인에게
"책을 사보시지 않겠습니까?"
하고 물었다. 그랬더니 그녀는

"책을 보고 싶지만……"

하고 말끝을 흐리는 게 아닌가.

"보고 싶지만 어쨌다는 것입니까?" 하고 되물었더니 지금은 목돈이 없다는 것이었다.

"월부라는 방법이 있지요. 한 달에 얼마쯤이면 무리 없이 갚아나갈 수가 있는지요?"

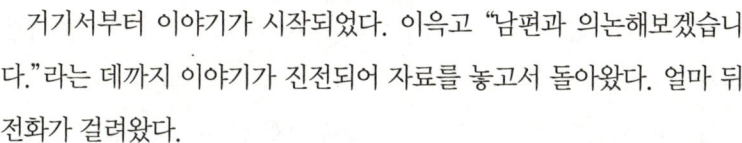

거기서부터 이야기가 시작되었다. 이윽고 "남편과 의논해보겠습니다."라는 데까지 이야기가 진전되어 자료를 놓고서 돌아왔다. 얼마 뒤 전화가 걸려왔다.

"남편이 돌아왔으니 와보세요."

그래서 L씨는 급히 달려갔다. 몇 마디 설명을 하고 나서 책 한 질이 팔렸다. 그가 매우 기뻐한 것은 말할 필요도 없지만, 설레는 마음을 진정시키고 이 책이 어째서 팔렸는지를 철저하게 분석해보았다. 그리하여 중요한 발견을 했다. 지금까지는 강요하는 데에만 머리를 썼다. 그러나 반대로 이야기를 들으면, 파는 법은 손님이 가르쳐주는 것이다.

그런 뒤부터 L씨는 책을 파는 방법을 바꾸었고, 이윽고 그는 일류 세일즈맨으로 성장했다. 이야기하는 것이 본업인 듯한 세일즈맨이라도 이야기를 들어줌으로써 상대를 움직일 수 있다는 좋은 예이다.

확실히 남의 이야기를 듣는다는 것은 일종의 심리적인 압박감을 불러일으키는 일이다. 또 불필요한 것까지 들어야만 되므로 시간의 낭비가 되는 일도 있다. 그리고 가치 있는 것과 그렇지 않는 것의 선별에 어려움도 있으며 손해보는 경우도 많다. 그러나 듣는 일에는 이것 이상의 도움이 되는 점이 있다. 듣는 것에 대한 효과를 직접적인 면에서 생각나는 대로 열거해본다.

(1) 상대방의 이야기하고 싶어하는 심정을 만족케 해준다. 이야기의 가치를 인정해주었다고 생각한다.

(2) 이야기하는 사람의 말할 의욕을 끌어낼 수가 있다. 좋은 청중이 있으면 머리의 회전이 빨라지고 좋은 생각이 떠오른다.

(3) 이야기하는 사람에게 호감을 준다. 자기를 인정해준다는 만족감에서 동료 의식이 생긴다.

(4) 이야기하는 사람이 기대하는 일과 그의 의도를 파악할 수 있다. 그렇게 하면 적절한 대응을 할 수 있다.

(5) 새로운 사실을 깨닫게 된다. 표정이나 태도에서도 상대의 심정을 알 수 있지만, 대화로서 싱대방을 가장 잘 알 수 있다.

(6) 대화를 할 때 적절한 대응이 가능하다. 말이 통하지 않는 것은 상대의 이야기를 잘 듣지 않기 때문이다.

(7) 설득점을 발견할 수 있다. 상대방이 어째서 이 일에 협력해주지 않는지를 알 수 있기 때문이다.

(8) 자기의 허점을 알 수 있다.

(9) 사고력이 강화된다.

(10) 회의를 능률적으로 할 수 있다. 상대방이 한 말에 의해 자기의 생각을 비교 검토할 수 있다.

(11) 자기가 이야기할 때 들어주는 일의 어려움을 자각하고서 이야기하게끔 된다.

(12) 남의 결점을 보고 자기의 결점을 고치듯, 자기의 화술 실력이 향상된다.

▶ 거짓 없는 인용은 화술의 포인트

이야기를 틀림없이 그대로 다시 표현하기란 매우 어려운 일이다. 20초 가량의 이야기라도 전혀 똑같게 말하기란 불가능에 가깝다. 그러나 이러한 훈련은 여러 가지로 도움이 된다. 이것이 효과적으로 생각되는 면은 다음과 같다.

(1) 이야기한다는 일이 듣는 사람을 얼마나 괴롭히고 있는가를 생각하게 된다.

(2) 의식하고 들어도 말을 빠뜨려서 듣던가 오해하는 일이 있다.

(3) 재현하기 쉬운 이야기는 보다 좋은 구성 조건을 갖추고 있다는 것을 안다.

(4) 요점의 재현과 재조립의 전제가 된다.

(5) 집중력을 기른다.

(6) 적절한 대응을 할 수 있게 된다.

좋은 이야기를 만드는 데는 다음의 네 가지 조건이 충족되어야 한다.

① 듣기 쉽고 친근감을 가질 수 있는 것.

② 알기 쉬운 내용일 것.

③ 흥미를 지속시키고 계속 듣게 하는 내용일 것.

④ 들은 뒤 여운이 남을 이야기일 것.

어떤 일에 관련되어 있는 생각을 어떻게 전하느냐는 것이 구성상의 문제이다. 이야기 구성의 포인트를 들면, 정리된 이야기란 재현하기 쉬운 이야기라는 말이다.

그리고 재현하기 어려운 이야기란 어떤 이야기인지 열거해보면 구성상의 문제점이 발견될 것이다. 또 이와 같은 이야기에는 상당한 주의를 하지 않으면 이야기의 효과를 기대할 수 없다.

(1) 고유 명사나 숫자가 많이 들어 있는 이야기.

(2) 전문어가 들어 있는 이야기.

그것을 이해 못하면 전체의 의미를 알 수 없게 된다.

(3) 특수한 장면, 특수한 내용의 이야기.

복잡한 사건이나 무의미하다고 여겨지는 것은 기억되기 어렵다.

(4) 이성에 관계되는 이야기.

어떤 종류의 신선미는 있으나 이해나 흥미 면에서는 인상이 희미하다. 또 그 일을 상상하기 어렵다.

(5) 너무 빠른 이야기 또는 너무 느린 이야기.

이해하기 위한 시간이 필요함과 동시에 지나치게 느리면 잡념이 생기거나 전체를 일관된 것으로 받아들이기 어렵다.

(6) 단락이 뚜렷하지 않은 이야기.

정리하는 데 시간이 걸리고 의미 있는 이야기로서 생각하기 어렵다.

(7) 중심이 뚜렷하지 않은 이야기.

요점이나 목적이 확실치 않은 이야기는 이해하기 어렵다.

(8) 계속해서 주의력을 줄 수 없는 이야기.

주의력과 흥미를 계속 갖게 하기가 어렵다.

(9) 추상적인 설명, 논리적인 해설.

구상적인 것으로 바꾸어야 하므로 추상적인 이야기를 길게 하면 재현하기 어렵다.

▶ 이해는 곧 화술의 원천이다

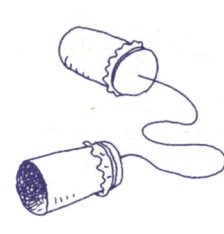

이야기하는 사람이 말한 내용의 의미와 듣는 사람이 받아들인 내용의 의미가 일치하면, 그 이야기는 일단 좋은 이야기라고 생각해도 좋다. 그러기 위해서는 이야기하는 사람의 노력도 중요하지만 듣는 사람도 이야기를 빠르게 이해하려는 노력도 중요하다. 이야기는 말하는 사람과 듣는 사람의 협동 작업인 것이다.

듣는다는 것은 이야기의 의미를 이해하려는 탐구 작업이다. 그러면 적절하게 대응을 할 수 있기 때문이다. 그런데 그것이 곧잘 어긋난다. 왜냐하면 인간은 여러 가지 대상에 대해서 자기 나름의 관념을 가지고 마주하기 때문이다. 뚜렷한 이론적 근거나 도덕적 이유도 없는데 막연한 형태로 생기는 관념도 있다. 망상이나 광신은 병적인 관념이다. 가장 심한 것은 처음부터 들으려고 하지 않는 만성 거부증이다. 이렇듯 이야기하기 전에 갖고 있는 관념을 직전 관념이라 하고, 다음의 세 가지를 들 수 있다. 고정된 직전 관념은 다양한 자극에 바르게 대응할 수가 없다.

(1) 말에 대해서

말은 저마다의 관념이지만, 자기 나름의 해석으로는 상대의 의도를 바르게 받아들이지 못한다.

(2) 사물에 대해서

우리는 사물을 볼 때 자기의 입장, 자기의 이해, 자기의 가치 척도에 맞춰 받아들인다.

(3) 사람에 대해서

사람은 좋고 나쁨의 감정에 의해 타인을 평가한다. 그 때문에 이해에 제동이 걸린다. 우리는 이야기에 대해서나, 어떤 사실에 대해서, 또는 사람에 대해서조차 딱딱한 고정 관념을 갖기 쉽다. 이렇다면 올바른 이해에 도달할 수가 없으므로 좀더 마음을 열고 받아들이는 기술이 필요하다.

이야기의 내용을 이해하는 데도 이와 같은 직전 관념 때문에 서로간에 이해하기가 어려운 것이다. 그러면 잘못 듣게 되는 일은 어떤 경우에 생기는 것일까.

(1) 생략해서 듣는다

말은 앞뒤 문맥에 의해 의미가 부여된다. 빠뜨리거나 생략해버리면 그 말은 물론이고 앞뒤 말의 의미도 바뀌고 전체적인 이해도 어렵다.

(2) 덧붙여 듣는다

정말로 부족하다고 생각되는 말이 있다면 선의의 보충을 할 수도 있지만, 멋대로 미리 이런가 보다고 생각해버리면 이야기하는 사람이 말하고자 하는 의도를 잘못 이해하기 쉽다.

(3) 내용을 왜곡하여 듣는다

사상적으로 이야기의 내용에 대한 가설이나 이야기하는 사항에 대해서 좋거나 또는 나쁜 감정을 갖고 있으면, 이야기의 의미를 바르게 이해 못한다.

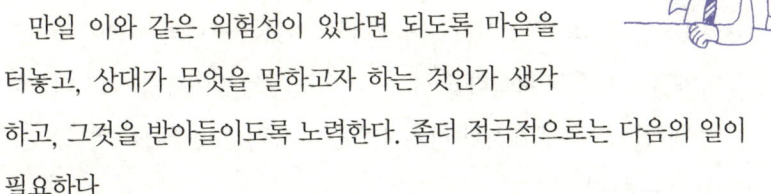

만일 이와 같은 위험성이 있다면 되도록 마음을 터놓고, 상대가 무엇을 말하고자 하는 것인가 생각하고, 그것을 받아들이도록 노력한다. 좀더 적극적으로는 다음의 일이 필요하다.

① 메모한다.
② 질문한다.
③ 요약해서 다시 외워본다.

그리고 이야기하는 사람이 무엇을 기대하고 있는지까지 생각이 미치면 좋은 것이다.

▶ 주제를 빨리 파악하라

많은 사람 중에서 뛰어나다고 인정받고 있는 사람, 회의 같은 데에서 재빨리 문제의 핵심을 가려낼 수 있어 주위에서 주목받고 있는 사람, 이야기를 조금 들었을 뿐인데도 즉시 대응할 수 있고 집단 속에서 두각을 나타내고 있는 사람은, 다른 사람의 이야기를 이해하는 속도가 빠르고 그만큼 대응력도 뛰어난 사람이다. 우물거리고 두드려도 소리가 나지 않는 그런 둔한 사람은 리더로서 부적당하다. 물론 인간 생활에는 시간을 여유 있게 잡고서 해답을 풀어야만 할 문제도 있다. 그러나 대부분 곧 해결해야만 하는 문제가 많다. 아무리 사소한 이야기일지라도 그것을 듣고 곧 참뜻을 파악할 수 있다면, 그야말로 좋은 일이다. 이것이 재조립할 수 있는 능력의 바탕이 된다.

이야기의 요점을 확실하게 하고, 그 의도에서 벗어나지 않고 대응하기 위해서는 다음에 제시한 기본적인 듣는 능력을 갖추어야 한다.

(1) 듣는 능력

① 참뜻을 파악한다. 무엇을 어떻게 하겠다는 것인가, 무엇을 알리려 하고 있는가, 무슨 행동을 요구하고 있는가 등을 파악한다. 이야기 끝 무렵에 가서 요점이 나타날 경우가 많으므로 중심된 단어와 문장을 파악하는 일이 중요하다.

② 사용된 말, 보기, 묘사의 의미를 파악한다. 요점을 살리는 본보기였는가, 내용에 알맞은 묘사였는가, 전체와 부분의 관계는 어떤가 등을 음미하면서 듣는다.

③ 자기 말로 번역하면서 듣는다. 나라면 이렇게 말할 텐데 하고 생각하거나, 어려운 말을 쉬운 말로 고치거나, 외국어나 전문어를 자기가 알기 쉬운 말로 바꾼다.

(2) 조립 능력

① 이해하기 쉬운 배열로 바꾼다.

② 부분을 전체로 통일한다. 하나하나가 무엇 때문에 이야기되었는지 잘 종합한다.

③ 부분의 비약이나 어긋남이 없도록 간추리며 적절한 연결의 말을 삽입한다.

④ 쓸데없는 말은 대담하게 잘라버리고 분량을 시간에 맞추어 이야기한다.

(3) 정확히 파악하는 능력

① 요점을 파악한다.

② 재미있게 만든다.

③ 표현 방식을 바꾼다.

이와 같은 마음가짐에 의해 이야기의 내용을 의도한 대로 받아들일 수가 있다. 그 기본은 듣는 능력에 달려 있다. 재조립할 수 있는 능력을 가진 사람은 직장에서도 이해가 빠르고, 그 사람이라면 틀림이 없다는 평가를 받게 된다.

4

성공적인 화술

사람은 술을 마시면 같은 말을 자꾸만 되풀이한다. 또 그 이야기냐고 생각되어도 그것을 웃는 얼굴로 듣는 여유가 필요하다. 되풀이하는 말은 본인으로서는 가장 깊은 의미를 지니는 이야기인 경우가 많다. 가만히 귀를 기울여 들으면 무엇을 말하고자 하는지 알 수가 있으며, 적어도 그 실마리를 정확하게 찾을 수 있는 방법이 될 수 있다.

4. 성공적인 화술

▶ 상대방에게 이야기할 기회를 주어라

변화가 어느 다방에서 젊은 남녀가 옆자리에 앉아 있었다. 무심히 듣고 있었는데 두 사람의 화제는 무슨 학생 운동에 관한 내용인 듯했다. 그런데 도도한 기세로 논하는 것은 틀림없이 여자 쪽이었다.

남자가 "하지만 그건 말이지." 하고 입을 열면 여자는 그 말을 가로챘다. 남자는 머쓱하여 입을 다물지 않을 수 없다. 그녀는 남자의 말을 들어줄 만한 마음의 여유도 없고 정감도 없는 모양이다. 오로지 상대방의 말꼬리를 낚아채어 날카롭게 논박한다. 상대방 남자는 마침내 묵묵히 그녀의 얘기를 듣기만 한다. 그녀는 기세가 등등하다.

"이제 나가볼까." 하고 일어서려는 남자에게 "아 잠깐만, 한마디 할 게 있어." 하고 말한다.

마치 잘못을 저지른 아이를 야단치는 듯한 말투였다. 다시 15분 가량 이야기하고서 남자에게 돈을 치르게 하고 나가는 그녀의 뒷모습을 보고 으스스한 기분이 들었다.

그 여자는 대화의 기쁨도, 좌담의 즐거움도 알지 못하는 것이다.

좌담은 토론이 아니다. 남의 코를 납작하게 만들어놓고서 우쭐하는 사람이 있는데 좋지 못한 행동이다. 그것은 원한이나 불쾌감을 상대방에게 안겨줄 뿐으로 '어디 두고보자' 하는 마음을 갖게 할 것이다. 이쪽은 승리의 쾌감을 맛보지만 상대방은 패배의 쓰라림을 잊어버리지 않는다.

쾌감은 순간의 일이고 뒤에 가서 '아뿔싸' 하고 뒤통수를 치게 될 것이다. 좌담의 상대는 적이 아니니 더욱 그렇다. 젊은 사람이나 융통성 없는 사람은 이 여자와 같은 실수를 저지르기 쉬우니 조심할 일이다.

좌담의 목적은 서로간의 의사 소통에 의한 설득이다. 좌담은 반드시 상대가 있어 서로 이야기를 주고받는 것이 원칙이다. 이 좌담의 형식을 잊어버리고서 상대방을 무시하여 연설이 되거나, 강의가 되거나, 설교가 되어서는 좌담이라고 하기 어렵다. 서로 이야기를 주고받으며 다른 화제에서 공통된 화제로 되돌아올 때, 이것이 좌담의 즐거움이다. 상대방에게 이야기할 기회를 주지 않고 혼자 오랜 시간 이야기하는 것은 삼가야 한다.

▶ 실패담으로 상대방의 호감을 사라

『채근담』에는 "세상을 살아가는 데 있어 한 발짝 양보하는 것을 더 높다고 한다."라는 구절이 있다. 대부분의 사람들은 언제나 자기 주장만 내세우는 사람을 싫어한다. 한 발 뒤로 물러서는 태도가 있어야 비로소 '점잖은 인품'으로 평가한다.

자기를 내세우는 사람은 대부분 자기 자랑이나 성공담으로 이야기를 끌고 가기 쉬운데 무릇 남의 성공담만큼 비위가 상하는 이야기는 없다. 보통남이 성공한 이야기에는 반감이 따르기 마련이다.

세상에서 가장 무서운 것이 시기가 아닌가 한다. 그래서 '쳇, 제까짓 게 변변한 짓 했을라구', '남을 울렸든지 법망에 걸렸든지 아무튼 어설픈 데가 있어' 정도로밖에 받아들이지 않는다.

그래서는 설득이 문제가 아니다. 이쪽을 훌륭하다고 생각하게 하려고 하는 것처럼 어리석은 일은 없다. 상대방의 반발을 살 뿐이다. 그보다는 좌담일 경우에는 차라리 자기의 실패담을 선택해야 한다. 이것은 상대방의 기분을 가볍게 한다.

단, 요령이 있다. 어느 모로 보나 실패하는 것은 당연하다고 생각할 만한 일로 실패한 이야기는 안 된다. '아하, 그 정도 사람이구먼' 하고 실력이 드러날 수 있다. '만에 하나라도 문제없으리라고 굳게 믿었던 일이 마지막에 가서 문제가 생겨 실패를 한다'라든가 '꼭 한 가지, 중요한 기회를 그만 놓쳤다'라든가 '우연한 실패'라든가 그런 것이 좋다.

상대방이 흥미에 끌려 열심히 들으면서 "아, 그랬었군요, 그거 정말 안됐군요." "당신도 그럴 때가 다 있었나요?" 하고 동조하고 감격할 만한 종류의 것을 준비할 일이다.

'자기를 도마에 올려놓는 것'이 요령이다. '남을 도마에 올려놓을' 경우에는 오로지 칭찬으로 일관해야 한다. 자기를 도마에 올려놓으면 남에게 해되는 일도 없고 상대방에게 친근감을 안겨준다. 친근감을 갖게 하는 기초 작업이 다음 설득에 도움이 되는 것이다.

▶ 상대방의 실수를 감싸라

워털루 해전에서 승리한 영국의 총사령관 웰링턴 공작이 런던에 돌아가자 승리를 축하하는 파티가 성대하게 열렸다.

요리가 수없이 나오고 이윽고 핑거볼이 놓여졌을 때, 한 병사가 불쑥 그 물을 한 모금 마셨다. 함께 자리한 신사들은 놀랐고, 숙녀들은 웃었다. 병사는 무슨 일인지 모르겠으나 자기가 웃음거리가 되었다는 것을 알고 얼굴이 빨개졌다. 그것은 과일을 먹기 전에 손가락을 씻기 위한 물그릇이지 마시기 위한 것은 아니다.

그러나 그것은 무리가 아니었다. 그 병사는 이런 예의범절을 차리는 모임에 가본 일이 없는 농촌 출신이었다.

그때 웰링턴이 벌떡 일어섰다. 가득 찬 손님들의 주목을 끈 그의 오른손에는 핑거볼이 들려져 있었다.

"만장하신 신사 숙녀 여러분, 워털루의 용사를 본받아 우리도 이 물로 건배하지 않으렵니까?"

떠나갈 듯한 박수 뒤에 웰링턴의 선창으로 건배가 이루어졌다. 병사는 구원받았던 것이다.

그 병사를 포함한 모든 병사가 얼마나 웰링턴을 우러러보았을 것인가, 그리고 또 함께 참석한 사람들이 얼마나 웰링턴의 따뜻한 인품에 감동하였을까?

좌담 도중에 말이 막히거나 하려던 말을 가끔 잊어버리는 일은 흔히 있다. 그럴 때 "왜 그래, 다음은 어떻게 됐지."라고 재촉하는 것 같은 눈길을 주거나 "그래서 그 다음은 어떻게 됐지." 하고 입 밖에 내어 말하는 것만큼 잔인한 일은 없다.

이럴 때는 서슴지 말고 "음, 그러니까" 하고 정답게 말을 해줄 일이다. 상대가 얼마나 감사해할지 모른다.

망신을 주지 않는 일이야말로 좌담의 예의이다.

사람은 술을 마셨을 때 같은 말을 자꾸만 되풀이한다. 또 그 이야기냐고 생각되어도 그것을 웃는 얼굴로 듣는 여유가 바람직하다. 되풀이하는 말은 당사자로서는 가장 깊은 의미를 지니는 이야기인 경우가 많다. 가만히 귀를 기울여 들으면 무엇을 말하고자 하는지 알 수 있으며, 적어도 그 실마리는 찾을 수 있다.

▶▶ 상대에 따라 화술을 바꿔라

『삼국지』를 읽어보면 적벽의 싸움이라는 유명한 이야기가 나온다.

위나라 조조가 백만 대군을 거느리고 오나라를 치는 데서부터 이야기는 시작된다. 오

나라는 그때까지 장강의 험준한 지형과 강동의 넓은 기름진 땅을 차지하고 있어서 비교적 중원의 패권 다툼에 초연할 수 있었다. 그런데 갑자기 위나라가 대군을 일으켜 장차 형주의 유현덕을 무찌르고 오나라까지 치겠다는 것이었다. 그야말로 누란의 위기를 맞은 오나라는 위나라 못지 않게 국력을 가졌으니 싸우자는 주전론과, 조조의 군사는 엄청난 대군이니 화평을 청하자는 화평론 그 둘로 크게 분열되었다. 오나라 왕인 손권은 두 파의 틈바구니에 끼어 좀처럼 결단을 내리지 못하고 있었다.

이때 누구보다도 궁지에 몰린 것은 형주의 유비 현덕이었다. 만일 오나라가 조조와 싸워주면 그런 대로 한 가닥 희망이 있지만, 오나라가 싸우지 않고 항복한다면 자기들의 멸망은 물론이고 천하는 조조의 손에 들어가게 생겼다. 그래서 유비의 군사(軍師)인 공명은 손권을 설득하기 위해 오나라로 달려갔다.

공명은 태연한 태도로 오나라의 중신이며 주전론자인 노숙의 영접을 받았다. 노숙은 공명을 보자 간곡하게 말했다.

"선생님, 우리 주군에게 싸움을 결의하도록 하자면 적의 병력이 실제보다 적다고 말씀하셔야 합니다."

공명은 다만 미소를 지을 뿐, 손권 이하 오나라의 중신들이 기다리는 자리로 나아갔다. 물론 노숙도 참석했다.

손권은 공명을 보자 성급하게 물었다.

"위의 병력이 얼마나 됩니까?"

"네, 백만이라고들 합니다만, 사실은 더욱 많고 게다가 일당 백의 정예군들뿐입니다. 그러므로 오나라의 장래를 위해서는 차라리 화친을 청하는 것이 좋을 듯합니다."

공명은 마치 남의 말하듯 담담하게 말했다. 듣고 있던 노숙의 얼굴이 파랗다 못해 종잇장처럼 새하얗게 질렸다.

'그렇게도 당부했는데…… 공명이 머리가 돈 것이 아닐까!'

노숙은 아마 이렇게 생각했으리라.

이 대답에 손권도 놀라며 되물었다.

"그렇다면 왜 귀하의 주군인 현덕은 오나라보다도 훨씬 약한데 감히 조조와 싸우겠다는 것인가!"

손권의 말에는 비웃음마저 깃들어 있었다. 그런데 공명은 바로 이 말을 기다리고 있었던 것이다. 그리하여 공명은 엄숙하게 말했다.

"저의 주군은 한나라의 황실을 회복하기 위해 역적인 조조와 싸우는 것입니다. 이른바 대의를 위한 싸움이므로 문제는 승패가 아닙니다. 그러나 오나라가 자기 나라의 안전만 생각하는 것이라면, 화친을 권하겠습니다."

공명의 이 말은 손권의 자존심을 촉발시켰다. 아니나 다를까, 손권은 공명의 꾀에 넘어가 즉각 싸울 것을 결의했다.

유비 현덕의 보잘것없는 세력도 조조와 싸운다고 하는데, 부유한 국력과 대군을 가진 오나라가 위나라에 항복한다면 세상 사람이 얼마나 비웃을 것인가하는 심정에서였으리라.

이리하여 유비와 손권이 손을 잡고 저 유명한 적벽의 대승리를 거둔 것이다.

아무리 좋은 생각이나 뛰어난 방책을 갖고 있더라도 그것이 다른 사람에 의해 받아들여지거나 실행되지 않는다면 무가치한 것이다. 그리고 최선의 생각이나 최선의 방책이라고 해서 언제나 받아들여진다고 할 수 없다. 여기에도 역시 설득력이 필요하며, 설득을 제대로 하기 위해서는 설득 상대에 따라 적절한 설득을 해야 한다. 즉, 설득 상대에 따라 때로는 대의 명분이나 이해 득실, 인정에 호소하고, 때로는 이성에 호소하듯이 적절하게 설득하는 것이 중요하다.

이처럼 상대에 따라 설득법을 바꾸자면 역시 그만한 지식이나 체험을 갖고 있지 않으면 안 된다. 그리므로 이를 위해서도 항상 여러 가지 경험을 하고 지식을 쌓는 일이 극히 중요하다.

▶ 화술을 효과적으로 구사하라

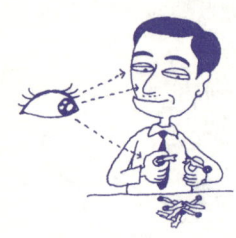

손윗사람과 이야기할 때는 윗사람의 코를 보라고 말한 사람이 있다. 말할 때 눈을 보게 되면 위압감을 느끼기 때문일 것이다. 코에 시선을 두고 가벼운 마음으로 이야기를 듣고 있으면 마음도 홀가분해진다.

그러나 위압감을 느끼지 않는 사람이라면 역시 눈을 보는 것이 좋다. 다만 지나치게 응시하면 혹시 의심하고 있지나 않은가하는 오해를 받을 우려가 있다.

그런 경우에는 가끔 눈에서 손으로 시선을 옮기는 것이 좋다. 손끝에는 사람들의 버릇이 곧잘 나타나며 성격도 나타나는 법이다.

예를 들면 성급한 사람은 손가락 끝을 연방 비벼대고, 무슨 정보라도 알아내려고 하는 사람은 팔짱을 끼는 경우가 많다고 한다.

눈을 똑바로 바라보며 이야기할 필요가 있는 상대도 있다. 초면인데도 공연히 추근추근하게 구는 사람이 바로 그런 부류다. 그런 사람의 눈을 뚜렷이 들여다보면 도중에 갑자기 말이 적어질 것이다. 상대방에 대한 좋지 못한 버릇을 미리 알아두면 음험한 사람의 공치사에 말려드는 볼썽사나운 꼴을 당하지 않게 된다.

그리고 말을 음미하며 해야 한다. 그때 그때의 상황에 따라 상대방에 대해서 더 이상의 말이 필요 없다고 생각하게 할 정도가 되어야 바람직한 것이다. 거기까지 말의 교류가 순탄하게 이루어진다면 그 좌담이야말로 가장 훌륭한 것이 될 것이다.

독일 속담에 "시위를 떠난 화살, 지나간 세월, 그리고 이미 한 말, 이 세 가지는 돌아오지 않는다." 는 말이 있다.

한 번 한 말은 영원히 돌아오지 않는다. 그렇기 때문에 말은 골라서 하지 않으면 안 된다.

한 철학자는 "자기 자신의 말을 하는 사람은 많지 않다"고 했는데, 여간 뛰어난 학식을 지닌 인물이 아니면 '자기 자신의 말'은 나오지 않는다. 책에 쓰여진 말, 신문이나 잡지에서 읽게 된 말, 누군가에게서 들어 기억에 남은 말, 그것이라도 좋다. 좌담을 훈훈하게 만들 수 있는 말이라면 어떤 말이라도 좋다.

어휘는 풍부할수록 좋다. 텔레비전의 외화를 즐겨보는 사람이라면 그들이 주고받는 대화의 은근한 유머야말로 배워둘 일이다. 우리는 재치 있는 말에 있어서 외국 사람들에게 한 발 뒤진다.

대화가 끝나 사람과 헤어질 때 "즐거웠습니다, 다시 뵙고 싶습니다"를 덧붙이는 것을 잊지 말기 바란다. 다시 만나고 싶다는 여운을 남기는 일도 중요하다.

대화의 중요한 방법의 하나는 맞장구를 치는 것이다. 문장에는 구두점이 필요한 것처럼 적절히 되받아 치는 맞장구는 상대방을 만족시킨다. 듣고 있는지 어떤지 모르겠다고 생각하게 해서는 실패다. 구태여 말로 하지 않아도 될 맞장구는 가볍게 고개를 끄덕이면 된다. 이미 알고도 남을 일을 누누이 되풀이하는 것을 참기란 여간 힘들지 않지만, 이것을 참아내지 못하면 성공한 대화라고 할 수 없다. 그럴 때는 가끔 말없이 턱을 안으로 끌어들이면 된다. 그러면 상대방은 "잘 들어주는군." 하며 친근감을 갖게 된다.

말을 잘하기보다 듣기를 잘해야 한다고 하지만 공연히 감탄만 한다고 되는 것이 아니다. 열심히 듣고 있다가 상대방이 한창 열을 올려 이야기할 때 "죄송합니다만 여기서 잠깐 차를 한 모금"이라고 말하는 사람이 있다. 말하는 사람은 그 사람의 그런 태도를 천천히 잘 들으려고 하는 태도로 여기고 더욱 신이 나서 속마음을 모두 털어놓게 된다는 것이다.

호주머니에서 담배를 꺼내기가 바쁘게 성냥이나 라이터를 들이대는 사람이 있는데, 이것도 지나치게 빠르면 오히려 난처할 때가 있다. 담뱃갑을 채 뜯기도 전에 성냥불이 꺼져버린다. 이럴 때는 자기도 담배를 꺼내어 상대방의 채비가 다 되기를 기다려서 붙이면 서두를 필요도 없고 보기에도 좋다. 이러한 사소한 일도 대화를 한층 부드럽게 한다.

이쪽이 무슨 사과할 일이 있을 때는 깨끗이 사과하는 것은 좋지만, 이럴 때 그 자리에서 사과를 하지 말고 "잠깐 화장실에" 하고 그 자리를 떠나 잠시 시간을 두었다가 돌아가서 "다시 생각하니 제가 확실히 잘못했었습니다."라고 말하는 것이 상대방을 보다 만족시키는 비결이 된다.

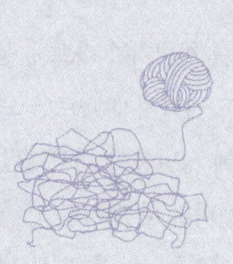
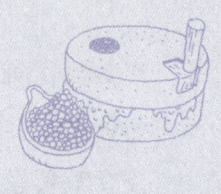

5

적재적소에 사용하는 화술

화법은 인간관계의 구체적인 처리법이다. 화법이 때와 장소에 적절하지 못하면 아무 쓸모도 없으며, 어딘지 모르게 짝이 안 맞는 것 같은 어색한 느낌을 갖게 한다. 왜냐하면 그 사회에는 그것대로의 말투가 언어 습관으로서 정착되어 있기 때문이다. 지역이나 집단 혹은 상대방과의 인간관계에 따라 적절한 말투를 사용하지 않으면 실패가 따른다.

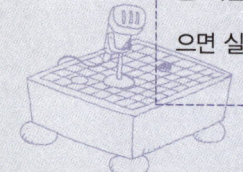

5. 적재적소에 사용하는 화술

▶ 인사는 모든 화술의 시발점

　모른다는 일은 이상하게도 사람에게 불안감을 준다. 어두운 시골길을 걸을 때 어디서 무엇이 튀어나올지도 모르고 발 밑도 위태로워 불안에 떨게 된다. 이럴 때 맹수 따위와 부딪치게 된다면 그때의 놀라움은 어떠할까. 그러나 어쨌든 예기치 않은 일에 부딪칠 때 사람은 본능적으로 해결할 자세를 취하거나 피하게 된다. 어떠한 상대인지 모르기 때문이다.

　사람의 만남에 있어서도 같은 말을 할 수 있다. 첫 대면일 때에는 서로 불안감을 갖고서 대하게 된다. 서로를 잘 모르기 때문에 갖는 일종의 경계심이다. 이런 경계에서 오는 긴장을 풀어주는 좋은 방법은, 같은 동료라는 표정으로 환영하거나, 당신을 무시하고 있지 않다는 태도를 보인다. 또는 처음 뵙는다, 잘 부탁한다 등과 같은 관습적인 말이라도 한다.

　이것들이 제 시간에 맞추어 표현되지 않으면 긴장 상태가 계속 되게 마련이다. 이런 긴장 상태를 풀고 부드러운 인간관계의 계기를 만드는 확실한 방법이 바로 인사이다.

　인사는 상대를 무시하지 않는다는 표시이다. 좀 더 적극적으로는 상대에게 관심을 나타내고 있다

는 표시이기도 하다. 인간은 본래 자기 중심적이니 만큼 상대에게서 무시당하지 않으려는 마음이 있다. 인사란 이와 같은 마음에 가장 알맞은 행위이리라. "어디 가십니까?" "네, 잠깐 저기…." "그럼, 다녀오십시오" 등, 별로 대단한 말이 오고가는 것은 아니지만 이것으로 좋은 것이다.

그럼, 부드러운 인간관계를 만드는 인사의 비결을 알아보자.

(1) 관심을 보인다

인사는 관심을 보여주는 내용이어야 하며 인사하는 방식에 대한 연구가 필요하다. "어젯밤은 수고했네, 늦게까지 일했다면서… 오늘은 좀 쉬게나."

(2) 이름을 붙여서 한다

먼저 인사해도 답례를 하지 않기 때문에 하기 싫다고 하는 사람이 있다. 그렇다면 반드시 답례 인사를 받을 수 있는 방법이 있다. 그것은 이름을 붙여 인사하는 방법이다. "과장님, 일찍 나오셨습니다."라고 한다면, 상대는 바쁘더라도 '나에게 인사하는 거로구나' 생각하고 "오, 안녕." 하고 대답하지 않을 수 없다.

사람은 만나고 헤어지고, 그리고 또 만난다. 인생이란 사람과 사람의 만남의 연속이다. 헤어질 때에 좋지 않게 인사를 했다면 다음 번에 만날 기회가 주어지지 않는다. 다시 만날 여운을 남기고서 헤어지는 것이 바람직하다. 인생은 우연한 만남의 연속이다. 이런 때에 인간관계를 공고히 만드는 것이 인사이다.

▶ 마음으로 표현하는 화술

불러도 대답을 하지 않는 사람이 있다. 이럴 때는 불리운 사람은 가벼운 심정일지 모르지만, 부른 쪽에서는 상당히 심각하게 생각되고 불쾌한 느낌이 든다. 무시당했다는 아픔도 느낄 수 있다. 무슨 곡절이 있겠지 하는 생각도 하게 된다. 그때 부른 사람이 상사라면 대답하지 않는 부하가 건방져 보일 것이다. 불리운 사람은 하면 되잖아 하는 식으로 대수롭지 않게 생각하기도 하지만, 이것은 본인이 생각하고 있는 이상으로 심각하다.

아무리 불러도 대답을 하지 않는 사람이 있다. 그리고 갑자기 불쑥 얼굴을 내밀던가 한다. "부르고 있잖아." 하고 나무라면 "들렸으니까 왔잖아." 한다.

들렸다면 대답을 하는 것이 올바른 행동이 아닌가 하고 짜증이 난다. 대답을 하지 않는 것은, 상대가 만들려고 하는 인간관계를 받아들이고 있지 않다는 표시도 된다. 좀더 적극적으로는 거부반응을 나타내고 있는 것인지도 모른다.

'척하면 L'이라는 별명을 가진 젊은이가 있었다. 이름을 부르기가 무섭게 언제 어디서든 달려왔기 때문에 이런 별명이 생겼다. 그는 모든 사람에게서 호감을 샀고, 직장에서 가장 인기 있는 사람이 되었다. 그런데 그는 휴가 중인 사원을 대신하여 불과 20일 동안 아르바이트를 했던 것이다. 기간은 비록 짧았지만 그가 있으면 직장에 활기가 있었다.

"일은 조금 더 잘할지 몰라도 걸핏하면 시무룩해지거나 말을 잘 하지 않는 사람보다는 그가 훨씬 낫다."고 누구나 아쉬워하는 말을 들으며 그는 직장을 떠났다. 이 회사에서는 언제고 때가 오면 그를 다시 부르겠다는 약속을 했다.

이름이 불리었을 때만 대답을 하는 것은 아니다. 인사에 대한 대답도 있다.

"안녕하십니까?" "네, 덕분에."

"좋은 날씨로군요." "그렇군요."

대답은 상황에 따라 그 내용도 달라진다. 마지못해 퉁명스런 대답을 하는 사람도 있지만, 그러면 원만한 인간관계를 만들 수도 없을 뿐더러 문제도 해결할 수 없다. 대답은 상대를 보며 밝고 적극적으로 해야 한다.

꾸지람을 들었을 때의 대답, 부탁을 받았을 때의 대답, 다짐을 받았을 때의 대답 등등, 대답 하나하나는 인생의 중요한 한 토막이다. 그런데 "네, 네" 하는 반복되는 대답, "네—" 하는 성의 없어 보이는 대답, 밝지 못한 작은 목소리의 대답 따위는 소극적인 인상을 주므로 삼가야 한다.

"네, 알았습니다."

"네, 차후 조심하겠습니다."

"네, 다음에는 틀림없이 하겠습니다. 정말 심려를 끼쳐 죄송합니다."

'네'라는 말속에 담겨진 당신의 마음이 상대방에게 여러 가지 인상을 준다는 사실을 잊어서는 안 된다. 순하고 인간미가 풍부한 '네'라는 대답은 상대에게 다시없는 호감을 준다.

▶ 돈독한 인간관계는 오락적인 대화에서 나온다

나는 대화를 생산적인 대화와 소비적인 대화, 크게 이 두 가지로 나눈다. 생산적인 대화란 회의처럼 문제 해결을 위하여 서로 이야기하는 것이다. 소비적인 대화는 이야기하는 일 자체에서 즐거움을 얻는 오락적인 요소를 가진 대화인데, 담소 또는 회화라고 부른다. 생산적 대화를 지적 대화라고 한다면 소비적 대화를 정적 대화라고 해도 좋다. 단 소비적 대화라고 해서 헛된 이야기를 의미하는 것으로 생각해서는 안 된다. 인사로 인간관계의 실마리를 잡고, 대화로는 인간관계를 두텁게 해나간다.

그럼, 즐거운 대화를 하기 위한 여러 가지 요령을 소개한다

(1) 풍부한 이야기 재료를 가질 것

이야기할 내용이 없다면 이야기를 할 도리가 없다. 이야기를 못한다는 사람의 대부분은 이야기할 화제를 갖고 있지 않기 때문이다. 평소에 직접 체험하는 가운데 관찰력을 길러라. 그것을 이야기에 응용하면 된다. 그러면 화제는 점점 더 늘어가게 마련이다.

(2) 공통적인 화제를 가지고 이야기할 것

자기 중심이 아니라 상대가 흥미를 갖는 화제를 선택하라. 자기만 아는 내용으로서는 대화가 겉돌고 만다.

(3) 법칙을 지킬 것

이야기는 혼자서 지껄이는 것이 아니라 상대하고 주고받는 것이다.

맞장구를 쳐가며 상대의 이야기에 적극적으로 참가한다.

▶ 탁상연설에서 실력을 최대한 살려라

여러 가지 모임이 많아짐에 따라 탁상연설의 기회도 많아졌다. 피로연, 동창회, 동업자 모임, 동호회 등에서 한마디씩 인사를 하게 된다. 그러나 이런 때에 "탁상연설만 없다면 모임도 즐거울 텐데."라고 말하는 사람도 있다. 심한 사람은 지명되면 복통을 일으키는 경우도 있다.

하지만 생각해보면, 이것은 자기 존재를 주위에 알릴 수 있는 가장 좋은 기회가 아닐까. 꽁무니를 빼게 되는 것은 탁상연설이라는 것을 이해하지 못하고 있거나 올바른 스피치 훈련을 받지 못한 데서 온다.

본래 탁상연설은 모임의 분위기를 한층 높이거나 모임에 참가한 사람과의 바람직한 인간관계를 만드는 역할을 한다. 그러므로 지나치게 의식하지 말고 자연스럽게 말하는 것이 좋다.

그러면 효과적인 탁상연설의 조건은 무엇일까?

⑴ 짧은 이야기일수록 좋다

"탁상연설과 여자의 치마는 짧을수록 좋다"는 서양 속담이 있다. 모인 사람은 탁상연설을 들으러 온 것이 아니다. 그것은 모임의 한 부분으로 회의 분위기를 높이고 그 모임을 보다 의의 있는 것으로 만들기 위해서인 것이다.

그러므로 거창한 연설도 필요 없이, 모두 한마디씩 이야기하여 자기도 그 모임의 일원이라는 참가 의식을 보이면 된다. 그런데 짧은 이야기란 의외로 어렵고, 그 나름의 준비가 필요하다. 그리고 즉흥성이 없다면 매력이 반감되므로 이 점이 꽤 까다롭다.

(2) 즐거운 이야기가 좋다

탁상연설은 농담과 진담의 중간쯤이 좋다. 특별한 모임을 제외하고는 틀에 박힌 딱딱한 이야기나 어두운 이야기로는 모임의 분위기가 조성되지 않는다. 하물며 설교나 훈시가 되어서는 듣는 쪽이 따분하다. 그렇다고 즐거운 이야기라고 해서 너무 도가 지나쳐도 안 된다. 절도가 필요하며 한도를 알아야 한다. 세련된 유머, 위트가 필요하다.

(3) 독창적인 이야기가 좋다

틀에 박힌 이야기는 어울리지 않는다. 연설집에서 베껴온 듯한 이야기를 곧잘 듣게 된다. 그렇게 하는 사람도 꽤 뻔뻔스럽지만, 그러면 본인도 온힘을 다하지 못할 것이고 옆 사람도 위화감을 갖게 된다. 흔해 빠진 상투적인 연설이 아니라, 자기가

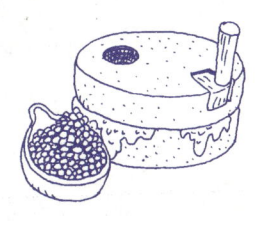

아니면 할 수 없는 독창적인 이야기를 하도록 해라. 자기 것이 아닌 빌린 이야기는, 이야기하는 사람 자신도 기분이 나지 않을 뿐 아니라 신선미가 없다. 또 앞사람이 이야기한 것과 비슷한 화제와 중복을 피하도록 유의한다.

(4) 서두와 끝마무리를 기술적으로 한다

최초의 흥미가 끝까지 이어지게 한다. 이야기의 첫 단계에서 주의를 끌지 못하면 안 된다.

① 서두의 기술적 방법.
- 그 장소에서 발견한 공통의 화제로 시작한다.
- 신변에 생긴 신선한 자료로 시작한다.
- 그 날의 흥미로운 사실로 시작한다.
- 속담·격언·명언 등으로 시작한다.
- 이야기할 말의 결론이나 주요내용을 전제하고 시작한다.
- 귀를 기울이게 하는 충격적인 화제로 시작한다.

② 마무리의 기술적 방법.
- 이야기를 요약하거나 중점을 되풀이한다.
- 결의나 협조를 청한다.
- 시나 성현의 말씀 등을 인용한다.
- 기원의 말 같은 것을 곁들인다.

(5) 적절한 화제

① 그 모임에 어울리는 것.

② 참석한 사람에게 관계되는 일.

③ 그 장소에서 생긴 일이나 또는 관계가 있는 것.

(6) 주의해야 할 화제

① 자기 자랑이 지나친 것.

② 특정한 사람을 공격하거나 비난하는 말.

③ 참가자에 대해서 변명하는 이야기.
④ 토론이 될 듯 싶은 이야기.
⑤ 불유쾌한 기분을 만드는 이야기.

연설은 마음에서 우러나는 자세가 중요하다.

대화에는 키포인트가 있어야 한다

대화로 문제를 해결하자는 말은 민주사회에서 흔히 쓰이는 말이다. 하지만 부모와 자식, 교수와 학생, 상사와 부하 사이에서는 매일처럼 온갖 대화가 오고 있지만, 실상을 살펴보면 대부분 대화의 불모 상태라 해도 지나친 말이 아니다. 그것은 서로가 얼굴을 대했을 때 자기 표현에 자신감을 잃고 있기 때문이다. 그래서 그런 사람일수록 명령과 복종을 강요했던 과거에 향수를 느끼며 '어차피 나는 이야기가 서투르니까' 하고 이야기하려 들지 않는다. 대화에 대해 진정으로 이해하고 있지 못하다는 점과 대화에 필요한 규칙이 정착되어 있지 않다는 점에 문제가 있다고 보아야 할 것 같다.

대화는 그것에 의해 문제를 해결하고자 하는 사람들이 어느 정도의 의식을 갖고 있느냐가 기본이 되지만, 대화를 이끌어나가는 방법도 중요한 의미를 가진다. 그 과정에서 다수를 동일화시키는 힘을 발휘한다면 많은 사람의 주목의 대상이 된다. 어쨌든 대화에서 혼란을 일으키는 원인은 이야기를 이끌어가는 방법에 있다. 대화의 절차를 잘못 운용하면 문제 해결은 어려워지거나 오히려 복잡해진다.

(1) 대화의 절차

한 사람의 머리로 사물을 생각할 때도 의식을 여러 가지로 분산시키면 혼란을 일으킨다. 그러므로 여럿이서 한 가지 일을 함께 생각하는 대화에서는 방법이 필요하고, 여럿이 마구 떠들어대면 대화의 결론을 얻지 못할 것이다.

① 의미의 확정 – 제시된 주제가 어떤 것을 의미하고 있는지 확실치 않으면, 서로 다른 말을 할 수 있다. 어떤 해결을 구하고 있는지 분명히 하기 위해서는 제출된 문제의 의미를 사람들에게 확실하게 알리는 일부터 시작해야 한다.

② 현상의 분석 – 대화를 확실히 하기 위해서는 현상의 분석부터 시작해야 한다. 즉 마이너스의 요인이 무엇인지 파악하는 것이 제일 먼저 해결해야 할 문제이다.

③ 가설의 제출 – 현상 분석을 통해서, 그렇다면 이 마이너스 요인을 어떻게 해결해야 하는가에 대한 온갖 해결안을 제출한다. 그리고 그 해결안이 어째서 타당한지를 뒷받침하는 자료나 생각을 내놓으면 설득력이 높아진다.

④ 가설의 음미 – 현상의 마이너스 요인과 제출된 가설의 플러스 요인, 그리고 새로이 제출된 해결안을 실시함으로써 생기리라고 예상되는 마이너스 요인, 이 세 가지를 비교 검토하여 해결안 선정을 위한 판단을 얻는 단계이다.

⑤ 좋은 안의 선정 – 제출된 가설을 충분히 음미했다면 여기서 가장 좋은 안을 골라낸다. 이 경우 가장 목적에 적합한 것, 내일이라도 문제를 해결할 수 있는 것을 기준 삼아 선정한다. 가장 좋은 것이 없다면 차선의 해결안을 택할 수밖에 없다. 또 하나로 해결되지 않는다면 두 가지, 세 가지로 짝 지운다.

⑥ 방법의 결정 – 해결안을 결정했다면 이것을 실행하기 위한 구체적인 방법을 생각한다. 실행안이 없어서 추상적인 슬로건으로만 결정을 했다면, 그 안의 실행은 잘 이루어지지 않는다. 각자의 분담이나 실행의 날짜·방법·장소 등 구체적으로 결정하지 않으면 안 된다.

⑦ 실행 – 여기서 비로소 실행에 옮긴다.

⑧ 효과의 판정 – 실행했다면 그 결과가 어떻게 되었는지 반성의 대화를 한다. 예상대로 진행되었는지, 만일 예상대로 되지 않았다면 그 까닭은 무엇인지, 그리고 그것을 어떻게 하면 좋은지 생생한 체험을 잊기 전에 기록해두면 다음 기회에 많은 도움이 된다.

(2) 대화의 규칙

모두 지혜를 짜내어 문제 해결을 하는 것이므로, 참가자가 규칙을 지키지 않으면 시간 낭비가 되고 대화는커녕 대결이 되고 만다. 그러면 어떠한 규칙을 지키면 좋은지를 조목별로 살펴보자.

① 혼자만 말하지 않는다.

모두의 지혜를 총동원하고, 해결안의 실행에 함께 참가한다.

② 단정적·고압적인 발언을 하지 않는다.

보다 좋은 안이 있을 거라는 전제 아래 대화를 한다. 단정적인 발언이 나오게 되면 대화는 거기서 정지되고 만다.

③ 이야기의 흐름을 벗어나지 않는다.

잘 듣지 않으면 대화의 흐름에서 벗어나게 된다.

④ 같은 말을 되풀이하지 않는다.

이것도 잘 듣지 않는 까닭이다.

⑤ 남의 발언을 가로막지 않는다.

끝까지 듣지 않으면 상대의 뜻을 파악하지 못한다.

이와 같은 최소한의 예의를 알지 못한다면 올바른 대화를 할 수 없다. 남과 대화를 나눌 수 있는 인간인지 어떤지, 당신 스스로 자신을 생각해보기 바란다.

요점을 분명히 제시하라

우리의 생활은 여러 가지 정보의 교환을 바탕으로 하여 성립된다. 삶을 영위하기 위해 온갖 지식을 필요로 하기 때문이다. 이런 지식을 습득하는 방법으로는 직접 체험과 간접 체험, 두 가지가 있다. 그 중에서도 양으로 볼 때, 보고나 설명에 의해 얻어지는 간접 체험이 압도적으로 많다.

그러므로 인간은 보고의 세계에 살고 있다고도 할 수 있다. 역사상

그릇된 보고 때문에 한 나라의 혁명이 일어날 수밖에 없었다던가, 많은 인명이 희생된 예는 얼마든지 있다. 또 보고의 시간이 맞지 않아 대응책이 늦어지고 그 때문에 경영상 큰 손실을 입는 예도 많다. 분업을 중심으로 하는 현대 사회에서는 전달한다는 의의가 참으로 크다.

"고객 서비스에 관해 말씀드리겠습니다."

"수금은 완료되었습니다."

"계약이 성립되었습니다."

이렇듯 가장 알고 싶어하는 일이나, 알리고 싶은 일을 분명하게 말한다. 이 방식은 무엇을 설명할 때에도 매우 효과적이다.

▶ 조리 있는 대화는 화술의 극치이다

지하철 안에서 책을 읽는 사람이 많다. 그러나 주위 사람들에게 신경이 쓰인다든지 내리는 역에 신경이 쓰이면 그만큼 독서의 효율은 떨어진다. 다른 생각을 하고 있으면 정신이 흐트러져 전체적인 파악을 할 수가 없다. 눈만 글자를 쫓고 있다면 거의 기억에 남지 않기 때문이다.

이야기를 할 때에도 많은 일을 한꺼번에 정리하지 않은 채 이야기하면, 듣는 사람의 머리가 얽힌 실처럼 혼란해진다. 우선 실마리를 잡아 하나하나 확실히 이해하도록 해야 한다.

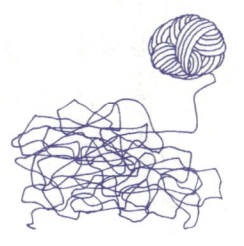

그럼 올바른 이해의 법칙의 순서를 들어보자.

① 시간의 순서.

② 공간적인 배열.

③ 이미 알고 있는 일부터 아직 알고 있지 못한 것으로 나아가는 배열.

④ 중요한 일부터 사소한 일로 나아가는 배열.

⑤ 인과 관계에 의한 배열.

⑥ 미리 알리고 종합한다.

▶ 대화는 구체적이어야 한다

대화에는 여러 가지 목적과 내용이 있다. 그러므로 어떤 한 가지 방법으로 모든 화법이 완벽하다고는 할 수 없다. 나음에 풀이하는 여러 가지 방법에 조합이 중요하다.

또 개념적인 이야기도 있는가 하면 구체적인 이야기도 있으므로 일률적으로 말하기 어렵지만, 구체적으로 이야기하려는 노력이 화술의 중요한 목표라고 생각해도 좋다. 그럼 구체적이어야 한다는 것은 어떠해야 한다는 것일까.

(1) 실물에 의한 것

실물 교육이 바로 그것이다. 또는 그 대응이 되는 모형을 쓰는 것도 이것의 응용이라고 생각해도 좋다. 직장에서는 기계의 조작법이나 작업의 순서 등에 이 방법을 많이 채택하고 있다. 신입사원 교육 등에서

어느 정도의 이론적 교육을 마치면 현장에서
작업을 하여 훈련시키는 경우가 상당한 효과
를 올리고 있다.

실제로 해본다는 것은 단지 알았다는 것에
그치지 않고 몸에 익히게 한다는 면에서 매우
효과적이다. 작업뿐 아니라 세일즈맨이 상품을 보여주는 것도 이것에
해당된다. 지루하게 설명하기보다도 상품을 보이면 더욱 더 설득력이
있다. 백화점의 상품이 잘 팔린다는 것은 백화점에 대한 신용도 있겠
지만, 물건이 다양하여 실물에 의한 비교가 가능하기 때문이다.

(2) 사진이나 그림에 의한 것

말로 표현해도 확실히 유리한 점은 있다. 시나 노래 같은 것의 깊이
나 여운에는 독특한 무엇이 있다. 그러나 이해시킨다는 점에서 볼 때
사진이나 그림으로 제시하는 편이 훨씬 뛰어난 효과를 가져온다. 그러
므로 설득의 전제로써 사진이 많이 사용된다.

(3) 도표·통계에 의한 것

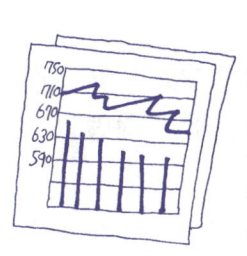

이것은 한눈에 비교할 수 있다는 장점이 있다. 물리
적인 크기나 넓이는 단순 명쾌하게 그 차이점을 알게
할 수 있는 이점이 있다. 이것도 이해와 납득의 측면에
서 설득의 전제가 된다. 숫자를 싫어하는 사람도 있지
만 이만큼 냉철하고 객관적인 표현 수단은 없다. 어쨌
든 숫자로 파악할 수 있다면 매우 구체성이 있는 것이다.

(4) 예를 드는 것

추상적인 이야기는 구체적인 실례를 가지고 보충해나가면 매우 알기 쉽다. 실물을 보일 수 있다면 좋지만, 이야기의 내용에 따라서는 오감에 호소할 수 없는 것도 있다. 그런 이야기일 때 보기로 든 예는 이해를 빨리 시키는 데 중요한 뒷받침이 된다.

(5) 오감에 호소하는 것

이제까지 든 방법도 이에 해당하는데, 이밖에 글씨를 써 보이며 이해시키는 방법도 있다.

▶ 대화는 가능한 한 쉬운 말로 한다

이야기의 목적은 상대편이 알도록 하는 데 있다. 그런데 알게 한다는 것은, 이야기하는 사람의 마음속에 있는 생각이나 사실을 말이라는 수단을 써서 하는 것이므로 매우 어렵다. 비관적으로 말한다면 불가능이라고까지 말할 수 있을지도 모른다. 그러나 다음과 같은 사항을 염두에 두고 대화를 하면 상대방을 이해시키는 것이 어렵지만은 않다.

(1) 알기 쉬운 말을 쓰자

① 전문어나 외국어, 학술어에 주의한다.
② 사투리를 쓰지 않는다.

③ 확실치 않은 말을 쓰지 않는다.
④ 유행어나 속어는 쓰지 않는다.
⑤ 동음어에 주의한다.

(2) 알기 쉬운 표현
① 확실치 않은 표현에 신경을 쓴다.
② 기준이 없는 것은 피한다.
③ 구분이 있어야 한다.

▶ 대화의 구성은 알기 쉽고 조리 있게

대화의 구성을 알기 쉽게 하는 방법에도 여러 가지가 있지만, 여기서는 긴 시간 이야기할 때 사용하는 5단계 구성법에 관해 설명하겠다. 5단계법은 3단계법의 응용이라고 생각하면 좋다.

(1) 제1단계 - 듣는 사람의 관심을 끄는 단계
이야기하는 사람은 듣는 사람과 접촉할 때 본론을 효과 있게 말하기 위하여 유리한 조건을 만들 필요가 있다. 본론에 들어가는 마음의 준비이므로 너무 길게 할 필요는 없다.

(2) 제2단계 - 화제를 소개하는 단계
이것을 이야기하게 된 내력이나 이야기하는 사람과 화제와의 관계 따위를 말한다. 듣는 사람이 이 이야기에 흥미를 갖도록 소개한다면 능숙한 편이다.

(3) 제3단계 – 주제를 제시하는 단계

이 단계에서는 듣는 사람에게 전하고 싶은 이야기의 중심 사상이나 요점에 관해 말하도록 한다.

(4) 제4단계 – 주제를 전개하는 단계

보기나 뒷받침의 설명을 한다. 사실이나 통계 따위를 사용하여 논증한다.

(5) 제5단계 – 결론으로 집약하는 단계

지금까지 이야기한 것을 마무리짓는다.

▶ 단어는 정확하게 발음한다

지방 출신인 사람이 화술에 열등감을 갖는 것은 아마도 사투리 때문일 것이다. "나는 유난히 사투리가 심한 편이라……" 이렇게 신경을 쓰는 사람이 적지 않다.

어쨌든 말은 저마다의 역사를 짊어지고 살아남은 것이기 때문에 지역에 따라서 다소의 차이가 있다. 말은 그것을 쓰는 사람들의 전통과 역사, 배경을 아는 단서가 된다. 그러므로 사투리라고 반드시 부끄럽다고만 할 수는 없다. 문제는 상대방에게 잘 전달되면 그것으로 충분할 것이다.

그럼 이 전달이라는 과정에서 발음이나 발성에 있어서 주의할 점은 무엇일까.

① 명료한 발언을 한다.
② 비슷한 음의 말에도 주의한다.
③ 같은 음의 말에도 주의한다.
④ 맑고 잘 들리는 목소리로 이야기한다.

▶ 상대방의 성격을 파악하라

이야기하는 사람은 언제나 세심한 배려가 요구된다. 어떤 장소에서 이야기하는가, 언제 이야기하는가, 어떤 태도로, 어떤 말로, 어떤 배열로 이야기하는가 등 여러 가지 일을 한꺼번에 생각하여 말하지 않으면 안 된다.

흑이냐 백이냐, 선이냐 악이냐 하는 명쾌한 문제라면 어렵게 생각할 필요는 없다. 그러나 같은 인간이라도 때에 따라 달라진다. 하물며 사람은 좋아하는 것이나 생각하는 바가 저마다 다르다. 사람들의 성격이나 그때의 상태에 알맞은 이야기를 해야 한다. 들을 만한 가치도 없는 이야기라면 목적이 달성되지 않을 뿐만 아니라 뜻하지 않은 문제가 생긴다. 자기로서는 아무리 옳다고 생각하더라도 이야기란 상대가 있어야 말할 수 있는 것이므로, 상대에 대한 세심한 배려가 중요하다.

사람의 성격에는 뚜렷한 차이가 있다. 명랑한 사람이 있는가 하면 언제나 이 세상의 불행을 혼자서 짊어지고 있는 듯한 심각한 표정의 사람도 있다. 적극적으로 행동하는 사람이 있는가 하면 돌다리도 두드려보고 건너가야 하는 매우 신중한 사람도 있다. 곧 결정을 내리는 사람이 있는가 하면 천천히 생각한 후에 결정을 내리는 사람도 있다.

이와 같은 여러 인간의 성격을 한 가지 공통적인 것으로 묶어 개성을 무시하는 것은 위험한 일이긴 하지만, 그래도 사람의 성격을 아는 데는 많은 도움이 된다. 그 대표적인 성격을 몇 가지 형으로 나누어보면 다음과 같다.

(1) 사교형

보통은 명랑하고 밝은 평화주의자다. 싸움을 별로 좋아하지 않는다. 비뚤어진 데도 없고 신사적이며 타협적이다. 그러나 치밀성은 없다. 이런 사람에게는 단도직입적인 문제에 부딪치면 좋다. 둥근 얼굴이고 비교적 뚱뚱한 사람에게 많은 형이다.

(2) 비사교형

혼자 있기를 좋아하고 통속적인 것을 경멸한다. 상당히 까다로운 논리적 이론파이다. 비위를 맞추거나 애교를 떨 줄 모르는 형으로서 사람의 좋고 나쁨이 분명하다. 이런 형의 사람에게는 친절하게 말을 걸어도 마음을 열어 주지 않으므로 논리적인 설득을 해야만 한다. 긴 얼굴이고 턱이 뾰족한 사람에게 이런 형이 많은데, 폐쇄적이 되기 쉬우므로 신중히 다루어야 한다.

(3) 점착형

남보다 한 발짝 늦다. 꼼꼼하고 요령이나 활달한 맛이 없다. 진지하며 약속 시간 따위를 어기는 일이 없다. 그러나 완고하고 남의 의견에 좀처럼 동조하지 않는다. 어깨 폭이 넓고 목이 굵다. 야무진 체격인 사람에게 많다.

(4) 자기 과시형

제멋대로이고 시기심이 많으며 의리가 있는가 하면 허영심이 많다. 화려함을 즐기며 권위에 약하다. 훈장, 지위 따위를 비웃지만 실제로는 동경하고 있다. 자기 위신을 과시하며, 경의를 표하면 기뻐한다. 올바른 일에 당당히 나아가면 좋다.

▶▶ 말은 곧 인품을 좌우한다

능변이라고 하면 아마 많은 사람들은 멈출 줄 모르고 계속해서 말하는 것을 연상한다. 자연스럽게 말이 나오는 사람은 그 자신도 이야기하는 데 부자연스러움을 느끼지 않는다고 믿고 있다. 그러므로 중대하지 않고 마음에도 없는 말을 교묘한 화술로 사실을 무시한 과장된 표현을 쓰는 사람도 있다. 이러한 말은 당장 그 자리에서는 넘어갈 수 있을지 모르지만, 결국엔 문제를 만들고 만다. 수익이 실제 이상으로 많은 것처럼 과장하는 것은 경영이 부실한 회사가 곧잘 쓰는 수법이듯이, 말도 마찬가지다. 약간의 과장이 별 피해를 주는 것이 아니라면 애교로 받아들일 수도 있지만, 거듭되면 신뢰를 잃고 말의 신중함이 없어지게 된다.

이야기에도 품위가 필요하다. 높은 지성, 풍부한 인간미가 넘치는 이야기는 듣는 사람으로 하여금 품위를 느끼게 한다. 그 품위는 바로 말하는 사람의 체취이다. 이것은 아름다운 것, 참된 것, 착한 것의 자연스러운 발로이다. 이야기의 맛이란 그 사람의 맛이기도 하다. 이 향기는 교묘한 말재주에서 나오는 것이 아니라 말하는 사람의 삶에서 우러나오는 것이다.

▶ 대화 중에 방심은 금물이다

강연이 끝나고 자기 이야기에 대한 비평을 듣고 싶다면 화장실로 달려가면 된다. 거기에는 반드시 막 끝난 강연을 비평하고 있는 사람이 있을 것이다.

"오늘의 이야기는 좋았어.", "아냐, 졸려서 견딜 수가 없었어." 등 여러 가지 비평이 사정없이 오고 간다. 나란히 소변을 보고 있으면 "어떻습니까, 졸립지 않았습니까?" 하고 정작 본인에게 말을 걸어오는 멍청

한 친구도 있다. 지금 단상에서 이야기하고 있었던 강사가 이곳에 있을 턱이 없다고 믿고 있는 것이리라. 졸리는 이야기를 하는 쪽이 문제라고 생각되지만 별로 유쾌한 일은 아니다.

사람은 입을 열 때 의외로 방심하고 있다. 한번 입에서 나온 말을 다시 주워 담을 수는 없다. 사람은 "이거 정말 비밀이에요." 하면서 남이 알면 곤란한 일을 예사로 말해버린다. 들은 사람도 또한 "당신, 정말 비밀이에요."라고 한다. 그렇게 해서 결국 자신에게 되돌아왔다는 웃지 못할 이야기도 있다. "누가 그런 말을 했지요." 하고 화를 내도 소용없다. 잘못한 사람은 바로 자기이니까.

술집 같은 곳에서 상사의 욕을 하는 사람이 참으로 많다. 하긴 불만을 풀러 가는 곳이므로 욕을 하는 것이 당연한 일인지 모른다. 그런데 술 마시면서 욕하는 것은 매우 위험하다. 술집에는 의식이 몽롱한 술꾼만 있는 게 아니다. 의리 없는 부하를 통해서 욕한 말이 들어가, 나중에 곤욕을 치르는 사람이 많다. 그랬었는가, 하고 깨달았을 때는 이미 엎질러진 물로서 돌이킬 수가 없다

아이들 앞에서 이웃집 사람의 욕을 하는 것도 방심에서 나타난다.

"이웃집 철이 엄마는 정말 여자가 못돼 먹었어요. 깨끗하지 못하고 남편이나 아이들 옷도 제대로 빨아 입히지 못하니, 철이 아빠는 얼마나 속이 썩겠어요."

이런 말을 생각 없이 하기 때문에 아이도 "철이네 아빠는 몹시 불쌍

한 것 같다."고 동정하게 된다. 그러다 아이들끼리의 싸움에서 이 말이 튀어나오게 된다.

"우리 엄마가 그러는데 너의 엄마는 게으르고 옷도 잘 빨아주지 않는다면서…"

이렇게 되면 아이 싸움이 어른 싸움으로 되고 만다.

말해서는 안 되는 것까지 말해버리는 일이 있다. 한계점을 넘고 마는 것이다. 그런 때는 원위치로 되돌리는 방법이 필요하다. 이것을 중화제라고 한다.

중화제란 문자 그대로 말에 있어 그 효과를 훨씬 부드럽게 만드는 데 필요하다.

나의 화술중에 고쳐야 할 것들

이야기에도 품위가 필요하다. 높은 지성, 풍부한 인간미가 넘치는 이야기는 듣는 사람으로 하여금 품위를 느끼게 한다. 그 품위는 바로 말하는 사람의 체취이다. 이것은 아름다운 것, 참된 것, 착한 것의 자연스러운 발로이다.

6

아이디어 화술

대개의 사람들은 자기가 창조력이 없다고 생각하는 것 같다. 그러나 실제로는 다소의 차이가 있지만 누구나 창조력은 있다. 훈련에 따라 창조력은 더욱 풍부해지고 새로운 효과적인 생각도 할 수 있게 된다. 창조력이 풍부한 사람은 어떤 일에서나 환경에서도 시간을 충분히 절약할 수가 있다.

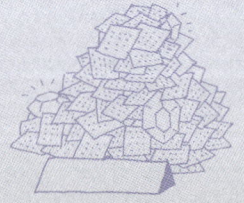

6. 아이디어 화술

▶ 당신도 창조력이 있다

대개의 사람은 자기가 창조력이 없다고 생각하는 것 같은데, 그러나 실제로는 다소의 차이는 있더라도 누구나 창조력은 갖고 있다. 또 훈련에 따라 창조력은 더욱 풍부해지며 새로운 효과적인 생각도 할 수가 있게 된다.

창조력이 풍부해지면 여러 가지 점에서 시간을 절약할 수 있다.

어떤 광고 회사의 간부는 회사에 도움이 될 만한 뛰어난 아이디어를 재빨리 고안해내기 위한 조건으로 다음의 세 가지를 제시한다.

① 자기의 상상력을 기른다.
② 자기가 정말로 흥미를 느낀 문제에 상상력을 동원한다.
③ 일정한 과정을 밟아 아이디어를 고안해낸다.

"때로는 이와 같은 일이 무의식적으로 행해지는데, 광고인은 머리에 좋은 안이 떠오를 때까지 팔짱을 끼고만 있을 수는 없는 일이다. 그것은 마치 연극 배우가 기분이 나지 않는다고 해서 무대에 나가지 않을 수 없는 것과 똑같다. 그러므로 기회를 놓치지 않고 아이디어를 낳기 위해서는 일정한 원리나 법칙에 따라 영감을 자극하지 않으면 안 되는 것이다."

▶ 창조력을 키우는 방법

『창조력을 깨워라』의 저자이며, 또 브레인스토밍(brain storming)의 창안자로서 저명한 알렉스 오스본은 아이디어에 관하여 다음과 같이 말한다.

"평소부터 만나고 싶어했던 사람이 어느 날 갑자기 찾아오는 것처럼, 뜻하지 않게 손에 들어오는 아이디어도 있다. 그러나 대부분의 아이디어는 힘들여 연구하여 끌어내지 않으면 안 되는 것이다. 아이디어는 언제나 당신의 주위에 있다. 다만 눈에 띄지 않을 뿐이다. 그것을 찾아내려면 정신의 눈으로 보면 된다."

다음에 몇 개의 질문을 열거했는데, 이러한 물음에 대답함으로써 당신도 창조력을 단련시키고 자기를 아이디어 공장으로 만들 수 있을 것이다.

⑴ 당신은 새로운 아이디어를 생각하기 위한 시간을 갖고 있는가?

이것은 너무도 당연한 질문이므로 왜 그런 걸 묻느냐고 의문을 가질지 모르지만, 정말로 생각하는 시간을 갖는 사람은 극히 적다.

최소한 1주일에 한 번, 일상 업무에 얽매이지 않고 천천히 생각할 시간을 갖도록 해보라. 그러다 보면 이제까지는 도저히 생각해낼 수 없으리라고 여겼던 아이디어가 많이 떠오르는 법이다.

새로운 아이디어란 정신적으로 긴장이 풀려 있을 때 떠오르는 것으로, 너무 서두르는 나머지 긴장하여 아이디어를 짜내려고 하면 상상력이 오히려 없어지고 만다.

이따금 집 밖으로 나가 기분을 바꾸어서 생각하는 것도 좋다.

(2) 당신은 자기의 아이디어를 재검토하고 그것을 계속해서 발전시키고 있는가?

특정 문제에 주의를 집중시키고 그 문제를 모든 측면에서 검토하고 나면, 그 다음에는 한 단계 높여 생각한다. 얼핏 보아 터무니없는 것으로 보여도 상관없으니 일에 실마리가 될 만한 것은 무엇이든지 한번 문제에 결부시켜본다.

희한한 해결책이란, 때로 이와 같은 정신적 유희에서 나오는 일이 있다. 다만 그때 중요한 것은 잠시라도 지금 해결해야 할 문제에서 눈길을 돌려서는 안 된다는 점이다.

생각을 비약시키는 또 한 가지 방법이 있다. 그것은 지금 해결해야 할 문제에 관계가 있는 사항에 대해서 여러 가지 책이나 기사를 읽는 일이다. 그 경우, 너무 빨리 읽지 말고 천천히 주의 깊게 읽어나가지 않으면 안 된다. 그런 뒤에 다시 한 번 문제를 대하면, 여러 방면으로 문제를 검토할 수 있게끔 된다.

(3) 당신은 아이디어에 대한 호기심을 키우고 있는가?

어떤 무역 회사의 간부는 자기 활동의 모든 측면에 대해서 쉴새없이 호기심을 발동시키는 것이 아이디어를 낳는 최상의 방법이라고 말한다. 호기심을 바르게만 발동시킨다면 주의력과 감수성이 발달하고 다시 그것이 아이디어를 발달시키게 된다며 다음과 같이 말한다.

"나는 회사에 출근할 때 매일 똑같은 길을 지나는 것을 되도록 피하고 있습니다. 오늘 이 길을 지났다면 내일은 다른 길을 걸어보는 것이지요. 점심을 먹으러 밖에 나가도 매일 같은 음식점에 가지 않습니다. 항상 다른 곳을 찾아가도록 노력하고 있습니다. 이와 같이 사소한 일이라도 자기한테 온갖 기회를 주어 자극을 가하려고 궁리하는 일이, 나의 두뇌를 활성화시켜주는 것이라고 생각합니다."

(4) 당신은 브레인스토밍을 시도한 일이 있는가?

브레인스토밍이란 몇 사람이 모여 그 자리에서 생각난 아이디어를 자유롭게 제출하고 토의하는 회의를 말하는데, 그 경우 어떠한 아이디어가 제출되더라도 그것을 진지하게 검토할 것과 비판 따위는

일체 않는 것이 원칙으로 되어 있다. 그러므로 브레인스토밍의 석상에서는 아무리 엉뚱한 아이디어라도 마음놓고 제안할 수 있다.

보통 브레인스토밍의 자리에서는 70내지 80가지나 되는 아이디어가 계속 나오기 마련인데, 그 대부분은 별로 실용성이 없다. 그러나 그 가운데에서 도움될 아이디어가 두세 가지라도 나온다면, 그 회의는 대성공인 것이다.

(5) 당신은 아이디어 모으는 법을 배운 일이 있는가?

아이디어를 여기저기서 긁어모으고 정리하고 파악하고 서로 결부시키면, 거리에서도 새로운 아이디어가 나오는 수가 있다. 아이디어를

수집할 때 그림 수집할 때와 같은 열성을 갖는다면 상당한 성과가 나타날 것이다.

그리고 다음에 소개하는 세 가지를 실행하면, 아이디어를 낳기 위한 원동력이 자연스럽게 몸에 갖추어질 것이다.

① 자기가 하고 있는 모든 일에 대하여 의문의 눈길로 바라본다.

거의 당연하게 통용되고 있는 전통적 습관에 대해서도 의문을 품도록 한다. 현재의 사무 처리 방법, 일상 업무, 인쇄물, 광고, 세일즈의 방식을 바꾸어 좀더 뛰어난 것으로 고칠 수 있는지 어떤지를 생각해보라. 무슨 일이든 현상에 만족하지 않도록 하는 것이 중요하다.

② 온갖 것, 온갖 사람에 대해서 호의적인 감정을 갖는다.

누군가 다른 사람이 아이디어를 생각해냈다면, 그 결함에 대하여 여러 말 하지 말고 적극적으로 거기에 도움이 되도록 상대편과 함께 생각해준다. 이렇듯 적극적으로 밀어주면, 얼핏 보아 쓸모 없이 여겨지는 아이디어도 훌륭한 결과를 낳게 되는 것이다.

③ "그것은 어째서인가?", "또 다른 좀더 좋은 것은 없는가?", "또 다른 좀더 좋은 방법은 없는가?" 하고 쉴새없이 자신에게 물어본다.

갑자기 떠오른 아이디어가 대단히 좋은 것이다 하더라도, 아마 그것 이상으로 뛰어난 아이디어가 있을지도 모른다. 더욱 좋은 것을 찾는다는 생각을 잊어서는 안 된다.

▶ 모든 상황에서도 창조력은 향상된다

알렉스 오스본은 직장이나 가정에서 창조성을 향상시키는 기회는 얼마든지 있다는 것을 강조한다.

이를테면 아이들의 놀랄 만한 창의력은 우리 어른들의 창조력의 훌륭한 본보기가 될 수 있는데, 어린이와 함께 있는 것만으로 우리들은 창조력을 강화시킬 수가 있다.

또한 우리들은 매일 많은 신문, 잡지, 소설 따위를 읽고 있는데, 이것을 한낱 수동적으로 받아들이지 않고 적극적인 노력을 곁들임으로써 창조력 개발에 도움이 될 수 있다. 이를테면 책을 읽으면서 메모를 하는 것도 창조력의 단련에 좋은 방법이 된다. 퍼즐 풀이, 제스처 놀이, 바둑, 장기, 트럼프와 같은 실내 게임도 창조력 향상에 도움이 된다.

새로운 환경을 대하고 색다른 사람과 만나게 되는 여행도 상상력을 자극한다. 기차를 타거나 비행기를 타고 마음과 몸을 새롭게 하고 있을 때 가장 많은 아이디어가 떠오른다고 말하는 사람이 많다. 창조적 명상을 위해서는 산이 제일 좋은 곳이라고 믿는 사람도 있다.

취미로 목수 일을 하든가 정원 손질을 하는 것도 창조력 단련에 도움이 된다. 뇌의 활동과 손의 활동은 서로 밀접한 관계가 있고 좋은 아이디어가 이와 같은 일을 하는 중에 떠오르는 예는 얼마든지 있다.

▶ 듣는 것도 창조력 계발이다

어떤 회사의 컨설턴트는 "관리자가 부하에게서 아이디어를 입수하는 데 가장 효과적인 방법은, 직장의 안팎에서 비공식으로 접촉을 가지고 그들의 이야기에 공감하며 귀를 기울이는 일이다."라고 말했지만, 남의 이야기를 들어줌으로써 창조력을 개발하려면 다음과 같이 하면 된다.

(1) 다른 사람에게 애써 이야기를 시킬 것

개인적인 대화의 경우라도 "당신의 경험을 들려주십시오."라든가 "이것에 관해서 어떻게 생각하십니까?"라고 상대방에게 부탁하거나 물어서 사람들의 생각을 끌어낸다. 그리고 이렇게 상대방에게 애써 이야기를 시키는 방법은, 당신이 사람들에게 호감을 얻는 가장 확실한 방법이기도 하다.

(2) 질문의 형식으로 당신 자신의 의견을 시험해볼 것

사람들에게 당신의 아이디어를 연마시키는 역할을 맡게 하는 것이다. "이 방식에 관해 어떻게 생각하십니까?"라는 질문 형식을 쓰는 것이 그 기술이다. 무슨 일이든 혼자 판단하거나 결정하면 안 된다.

(3) 다른 사람의 말에 정신을 집중시킬 것

듣는다는 것은 그저 잠자코 입만 다물고 있으라는 의미가 아니다. 이야기에 당신의 정신을 집중시키는 것이다.

▶▶ 수다스러운 대화는 금물이다

말할 것도 없는 일이지만, 누구라도 많은 말을 지껄이고 있을 때는 듣고 싶어하지 않는다. 많은 커뮤니케이션 전문가들은 한결같이 "우리들은 너무나도 말을 많이 하고 있다"고 지적하고 있다.

심리학자 중에는 우리들이 말이 많은 이유는 뿌리깊은 공포와 불안 때문이라고 하는 사람도 있다. 그 이유가 무엇이든지 지나치게 말이 많은 것은 결코 좋은 일은 아니므로 고치도록 노력해야 한다. 말하고 싶은 충동을 억제하고 '이것은 지금 여기서 입에 올릴 만한 가치가 있는 것일까?' 하고 그때마다 스스로 물어보면 좋을 것이다.

이것에 불과 이삼 초의 시간을 쓴다면 당신은 아마도 매일 20분이나 30분의 헛된 잔소리를 하는 시간을 절약할 수 있으리라. 물론 언제나 아무 말 없이 침묵을 지키고 있는 것이 좋다는 것은 아니지만, 말이 많은 것은 최대의 시간 낭비이고 에너지의 소모라는 것을 알아두어야 한다.

말이 많은 버릇을 극복하는 단 한 가지 비결은 같은 것을 몇 번이나 반복해서 말하지 않는 것이며, 또 "내가 의미하고 있는 것은 말입니다."라든가 "잠깐만 내 이야기를 들어주십시오." 따위의 말을 쓰지 않는 일이다.

자기 일뿐만 아니라 상대방의 일에 관심을 갖는 것이 수다쟁이가 되는 것을 막고 남의 말을 듣는 열쇠가 된다.

남의 이야기를 들을 때는 항상 다음과 같은 질문을 스스로에게 해야 한다.

'그가 하는 말이 나에게 어떤 도움이 될까?'

'그는 무언가 가치 있는 아이디어를 갖고 있지 않을까?'

'그의 이야기에는 나를 행복하게 하는 무엇인가가 포함되어 있지 않을까?'

옛 현인이 그야말로 정곡을 찌르는 말을 했다.

"관심을 가질 수 없을 만큼 시시한 것이란 이 세상에 존재하지 않는다. 다만 관심을 갖지 않는 사람이 있을 뿐이다."

이 말을 항상 명심하라.

7 인간관계를 돈독하게 하는 화술

인간관계라는 말은 원래는 직장이나 기업에서 쓰이는 말이라고 할 수 있다. 그러나 그 후 가정에서, 학교에서, 사회에서 널리 사용하게 되었다. 그러나 뭐니뭐니해도 기업 내에서의 인간관계는 직접 일에 반영되느니 만큼 굉장히 중요하다. 그러면 어떻게 해야 더욱 더 돈독한 인간관계를 맺을 수 있을까. 이러한 인간관계는 사회 생활의 밑거름이라 할 수 있다.

7. 인간관계를 돈독하게 하는 화술

▶ 화술은 바로 인간관계의 동반자

평상시 말을 나눈다는 것은, 궁극적으로 따지면 접촉하는 사람들과의 밀접한 인간관계를 갖기 위해서라고 해도 지나친 말은 아닐 것이다. 다시 말해서 대화를 하지 않고 인간관계를 깊게 하는 일은 거의 불가능하다고 본다.

서로 말을 해보지도 않고 좋지 않은 사람이라고 생각했다가 막상 말을 나누고 보니 뜻밖에도 좋은 사람이었다는 경우를 가끔 경험할 것이다. 모르는 사람과는 우선 말을 나누어 보아야 한다. 그래야만 거기서 인간관계가 시작되는 것이다.

인간관계라는 말은 원래는 직장이나 기업에서 쓰는 말이라고 할 수 있다. 그러나 그 후 가정에서, 학교에서, 사회에서 널리 사용하게 되었다. 그러나 뭐니뭐니해도 기업 내에서의 인간관계는 직접 일에 반영되느니 만큼 대단히 중요하다.

같은 회사에서 일하는 사람들을 봐도 각기 출신지와 출신교가 다르고 자란 가정 환경도 다르기 마련이다. 이를테면 우연히 같은 회사 안에 같은 고향 사람이나 동창이 있다면 그 사람들의 관계는 다른 사람들과 달리 쉽게 이루어지는 예가 많다. 그런데 회사는 자라난 과정도 다르고 환경도 다른 수많은 사람들이 모여 움직이는 곳이므로, 인간관계란 복잡하면서도 극히 중요하다. 그런 속에서 어떻게 해야 더욱 더 두터운 인간관계를 맺느냐 하는 것이, 경영자는 물론 관리직을 맡은 사람들의 큰 과제인 것이다.

관리자의 대화에서 특히 중요한 것은 높은 지위나 위치에 있는 사람이 먼저 말을 건넨다는 일과 부하 직원의 말을 들어주는 역할을 한다는 일이다.

"요즘 신입사원은 큰일이야. 오늘 아침에도 회사 현관에서 신입사원과 딱 마주쳤는데 인사도 안 하더라니까."

사장이나 부장 등이 흔히 투덜대는 말이다. 그러나 잘 생각해보면 그처럼 불평하는 측의 책임이 크다. 신입사원으로 말하면, 사장과 부장의 얼굴을 입사식에서 잠깐 보았을 뿐이므로 확실히 기억하지 못하고 있다. 그런데 신입사원 쪽에서 인사를 해주지 않나 하고 기다린다는 것은 윗사람으로서 취할 태도가 아니다. 그러기보다는 "일찍 왔군. 그래, 일은 좀 할 만한가?" 하고 먼저 말을 해본다. 그러면 아마 신입사원 쪽에서는 사장이 자기 얼굴을 기억하고 있었다고 감격하여, 다음날 아침부터는 "사장님, 안녕하십니까" 하고 인사를 하게 될 것이다.

"젊은 사원은 이유만 내세우고 권리 주장만 하니까 그르다는 거야." 하는 소리를 곧잘 듣는다. 이 같은 사고방식으로 처음부터 귀를 막거나 발언을 막으면 대화의 실마리는 찾을 수 없다. 관리자가 항상 부하의 말을 잘 들어주는 역할을 함으로써 인간관계는 깊어지는 것이다.

▶▶ 친구를 만드는 화술법

친구를 만들기 위해서 당신이 알아두어야 할 다섯 가지 말을 소개한다.

(1) "저는 당신을 자랑스럽게 생각합니다."

이것은 상대를 우쭐하게 하고 당신을 친구로 가진 것을 자랑스럽게 여기게 하는 가장 간단한 말이다. 이 말을 윗사람, 아랫사람, 아내, 남편, 이웃 사람, 혹은 아이들에게 말해준다.

(2) "당신의 생각은 어떻습니까?"

상대의 주의를 즉시 끌게 하는 가장 좋은 말이다. 만약 당신이 무엇인가에 대해 그의 생각을 묻는다면, 회사 사장이라고 할지라도 그 자리에서 돌아볼 것이다.

(3) "부디…"

다른 사람이 당신을 위해 기꺼이 일을 해주게끔 하는 적절한 말이다. 우리는 좀처럼 부디라는 말을 하지 않는다. "곧 이걸 해라." 하고 명령하고 싶어하는 것이다.

(4) "고맙습니다. 수고했습니다."

그들이 당신을 위해 무언가를 해준 것에 대해 기쁘게 만드는 가장 알맞은 말이다. 이런 말은 그들에게 다시 한 번 당신을 위해 무언가를 해주고 싶은 생각이 들게 할 것이다.

(5) "당신"

모든 말 중에서 가장 강력한 말이다. 물론 가장 하찮은 말은 '나'라는 말이다.

만약 당신이 이 같은 친구를 만드는 다섯 가지 말을 가슴에 새긴다면, 화술의 기본 방식을 활용하는 데 어떤 곤란도 느끼지 않을 것이다.

다음에 든 것은 이와 반대되는 세 가지 말이다.

(가) "바꾸어 말하면…"

언제나 다른 말로 바꾸어 말하는 사람은 듣는 사람을 지루하게 만든다. 처음에 올바르게 말해야 한다. 그렇게 하면 당신은 그것을 다른 말로 바꾸어 말할 필요가 없을 것이다.

(나) "내가 말씀드리는 것은…"

당신은 단순히 다음과 같은 말을 하고 있을 뿐이다. "나는 어리석은 사람입니다. 그러니까 다시 한 번 똑같은 말을 하도록 해주십시오."

(다) "논점을 분명하게 하면…"

이것이 의미하는 것은 "당신은 바보입니다. 그러니까 당신을 위해 다시 한 번 분명하게 말씀드리지요."라는 것이다.

이렇듯 친구를 잃게 하는 말은 피해야 한다.

그리고 표현의 단조로움도 피해야 한다. 이야기 끝에 언제나 '아시겠습니까'라는 말을 붙여서 상대를 초조하게 하는 일은 피해야 한다.

'틀림없겠지요'라고 한 번 말하는 것은 좋다. 그러나 계속해서 이 말을 한다면 상대를 초조하게 만들고, 당신의 단점이 되고 말 것이다.

'아시겠습니까'라는 말도 친구를 잃게 하는 말이다. '절대로'라는 말도 대화에 여러 번 나오면 역시 그렇게 되고 만다.

같은 말을 여러 번 반복해서 쓰지 말라. 그렇지 않으면 당신의 친구도 줄게 되리라.

▶ 한마디의 말도 센스 있게 하라

남에게 이야기할 경우에 두 가지 큰 잘못을 볼 수 있다.

- 때와 장소를 가리지 않고 이야기를 하는 일.
- 시대에 뒤떨어진 쓸데없는 이야기를 하는 일.

이야기를 할 때는 그에 알맞은 예의가 있고, 때와 장소도 생각해야만 한다.

초상집에서 경솔한 말을 한다든가, 부인들의 모임에서 천한 말을 하는 것은 때와 장소를 분간하지 못한 처사인 것이다.

또 한 가지 주의할 것은, 저속한 이야기는 삼가야 한다는 것이다.

이것은 특히 영업 회의 때 조심해야 할 일이다. 지방으로 다니는 세일즈맨의 모임에는 그런 사람들에게 어울리는 세속적인 이야기를 해야 한다는 생각을 가진 사람도 있다.

그러나 아름다운 이야기를 해야 한다. 부인이 없는 자리라도 점잖은 신사들이 앉아 있다는 사실을 잊어서는 안 된다. 저속한 이야기나 불순한 이야기를 하는 사람으로 알려져서는 안 된다. 상대방을 즐겁게 해주는 일은 좋은 일이다. 그들을 웃기는 일도 좋을 것이다. 그러나 그 이야기는 아름다운 것이어야 한다.

▶ 좋은 농담으로 이끄는 화술법

특정한 개인을 지적하여 그 사람의 이야기를 해서는 안 된다. 누구든 간에 어떤 개인을 내세워 화제로 삼아서는 안 된다. 당신의 이야기를 듣고 그 사람은 웃을지도 모르지만, 결코 마음속에서 우러나오는 웃음은 아닐 것이다.

자크 베니 식의 농담을 하는 기술을 습득해야 한다.

즉 당신 자신을 농담의 대상으로 삼으란 말이다. 그러면 동료들도 당신을 따라 웃기는 하지만 결코 당신을 두고 웃지는 않을 것이다. 아내나 남편을 농담의 대상으로 내세우는 일도 삼가야 한다. 그렇게 하면 동료들의 비난을 살 뿐이다. 소심한 성격을 고치는 데도 그것은 아무런 도움도 안 된다. 그들에 대해 농담을 함으로써 당신의 열등감을 전가할 수는 없는 것이다.

농담을 할 생각이면 당신 자신에 대해 해야 한다.

적절한 때에 재미있는 농담을 함으로써 얼음처럼 차가운 사람의 마음도 녹일 수 있다. 이야기를 나누는 것만으로 친구를 삼기는 힘드나 웃음을 나누면 마음을 따뜻하게 감싸주어 친구가 될 수도 있다.

에디슨은 그 자리에 없는 사람에 대한 농담은 절대로 하지 말라고 늘 경고를 했다. 내가 돌아서면 또 내 말도 그렇게 하겠지 하는 생각을 할지도 모르기 때문이다. 남을 헐뜯는 농담은 하지 말아야 한다.

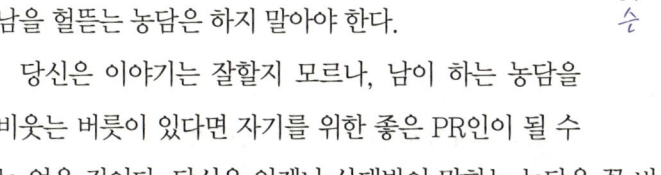

당신은 이야기는 잘할지 모르나, 남이 하는 농담을 비웃는 버릇이 있다면 자기를 위한 좋은 PR인이 될 수는 없을 것이다. 당신은 언제나 상대방이 말하는 농담을 꼭 비웃지 않고는 그대로 넘기는 일이 없다.

누가 어떤 농담을 하기만 하면, 당신은 항상 싱글싱글 웃으며 "그 농담은 어디서 들은 이야기인데…" 하고 상대방의 이야기에 흥을 깬다.

그렇게 이야기를 가로막지 말고 상대방이 끝까지 말할 수 있도록 해줘야 한다.

재미있는 이야기를 하는 당신의 능력을 지나치게 남용해서는 안 된다.

상대방이 자기 시계를 들여다보고 시계가 자는 것이 아닌가 하고 흔들어보거나 하면, 당신의 화술은 실패했다는 증거이다.

볼테르가 말한 것처럼 "남을 싫증나게 만드는 비결은 끝맺어야 할 때를 모르는 일이다."

▶ '네'나 '아니오'는 대화가 아니다

대화에서 말을 잘하고 잘 들을 줄 아는 사람은 또한 질문도 잘한다. 질문을 잘한다는 것은 대답이 '네'나 '아니오'로 끝날 수 없는 그런 식의 질문을 하는 것이다. 아무리 구체적인 질문이라도 대답하는 측이 한마디로 "네" 하면 끝나는 그런 질문이라면 대화가 계속 이어지지 않는다. 예를 들면

"민식 군, 2시에 A회사의 B과장과 만날 약속이 있다더니, 만났나?"

이런 질문은 만났으면 "네" 하고 대답하고, 만나지 않았으면 "아니오" 하고 대답하면 그것으로 끝난다. 그러면 대화가 이루어지지 않는다. 그러므로 다음과 같이 질문해야 한다.

"민식 군, A회사의 일은 어떻게 되었나?"

"네, 어제 약속대로 2시에 찾아가 B과장을 만나보았습니다."

이래야 다시 대화가 계속된다.

신입사원을 맞이하여 새로운 인간관계를 맺을 작정으로 다음과 같이 질문한다.

"부모님은 건강하신가?"

"네."

"부산에 친척이 있나?"

"아니오."

"그럼 하숙하겠군."

"네."

이런 식의 질문은 아주 서투르고 대화라 하기에는 거리가 먼 형식적인 이야기로, 좋은 인간관계를 맺을 수 없을 것이다.

"부모님은 무얼 하고 계신가?"

"××에서 가까운 시골에서 과수원을 하십니다."

"그래, ××는 어느 쪽에 있는가?"

"××시에서 조금 북쪽으로 가면 있는 조그마한 고장입니다."

"×× 출신으로, 이 회사에 알고 있는 사람이 있나?"

이런 식으로 물으면 대화는 계속될 수 있고 차츰 친밀한 인간관계를 맺어나갈 수 있다.

회사의 업무에 대해서도 같은 말을 할 수 있다.

"대리점에 관한 보고서 처리는 어떻게 되었나?"

"네, 아침마다 훑어보고 제가 처리할 수 있는 것은 곧 처리하고, 회사에 보고할 것은 보고하고 있습니다."

이렇게 대화가 오가게 되지만 "아침에 출근하면 반드시 대리점에 관한 보고서를 훑어보고 상사에게 보고할 것은 보고하고, 자기가 처리할 수 있는 것은 곧 처리하고 있나" 하고 묻는다면, 부하직원은 "네" 하거나 "아니오" 하고 대답할 수밖에 없다.

 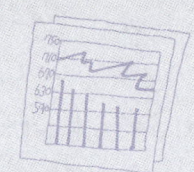    

8 상대를 움직이는 화술

요즘 젊은이들은 변명을 하거나 뭔가 괴로운 사정을 말할 때 자기 본위가 되기 일쑤이다. 이 같은 젊은 사람들의 경향을 생각지 않고 "적당히 해두게", "아까부터 듣고 있자니 자네는 자기 형편만을 말하고 있지 않은가", "세상이란 그런 것이 아니야" 하고 일방적으로 부하 직원의 발언을 인정치 않는 상사도 있다. 가령 잘못된 의견이라도 끝까지 듣고, 그 시비를 가려 이야기를 나누어야 상하의 의사 소통이 잘 되는 것이다.

8. 상대를 움직이는 화술

▶ 설득력의 포인트

회의 중에 다른 사람을 설득하는 요령을 생각해보자.

(1) 성의와 열의

무엇보다도 우선 성의와 열의가 있어야만 한다. 아무리 이야기를 능숙하게 잘해도, 또는 이치에 잘 들어맞는다 해도, 성의와 열의가 없으면 환영받지 못한다. 자기에게 주어진 문제에 대한 성실한 자세와 노력이 있어야만 비로소 상대에게 통한다.

(2) 알아듣기 쉬운 이야기

설득은 상대를 이해시키고 납득시키고 만족하게 하는 일이므로, 우선 제1단계는 상대방을 이해시키는 데 있다. 이해시키기 위해서는 이쪽의 주장이나 요구를 알아듣기 쉽게 이야기하여 상대에게 제시할 필요가 있다.

알기 쉽게 이야기하는 방법의 첫째는 정확한 말이다. 명쾌하고 정확한 발음은 성의와 열의가 나타나기도 하고, 자신감과 신념이 나타나기도 한다.

둘째는 쉬운 말이다. 어려운 한자어를 많이 섞어 말하거나 낯설은 외국어를 함부로 말해서는 안 된다. 이해하기 어렵다고 생각될 만한 말은 되풀

이하여 쉬운 말로 바꾸어 말해보는 것도 필요하다. 마음 편하게 평소에 쓰는 말을 사용하는 것이 좋다.

셋째는 사리에 맞아야 한다. 사리에 맞는다는 것은, 논리적이고 체계적이어야 한다는 뜻이다. 이야기가 비약하거나 뒤로 돌아가거나, 자기만이 알 수 있는 것을 아무런 해설도 없이 이야기하거나, 앞뒤가 맞지 않거나 해서는 안 된다.

넷째는 예를 들어 말하는 인용이다. 아무리 사리에 맞는 이야기일지라도 말로만 논리를 설명해서는 알기 힘들다. 적절한 비유나 실례를 인용하는 것은 확실히 듣고 이해하는 데 크게 도움이 된다.

다섯째는 시각에 호소하는 것이다. 얼마 되지 않는 수량의 비교까지도 말로 전하는 것보다 도형을 그려 보이거나 그래프를 그려 보이면 이해하기가 쉽다.

(3) 비교 검토에 의한 입증

여러 가지 의견과 자기가 주장하는 의견을 비교 검토하여 자신의 의견의 우위성을 입증해야만 한다. 이 경우 자기 혼자서 각각의 이점이나 결점을 열거하고 평가하여 결론을 내리는 것은 피한다. 자기가 리더십을 발휘한다고 하더라도, 모두에게 각자가 가지고 있는 의견을 내도록 하여 저마다의 평가로 행해야만 한다. 그렇지 않으면 마지막 결정에 대한 불만이 남는다.

(4) 상대 또는 멤버의 관심에 호소

• 목적 – 직무상의 목적, 회사의 목적이나 방침이 이에 의해 달성된다는 것을 이해시키는 목적 달성은 모든 사람이 관심을 갖는 점이다.

• 이익 – 그 의견을 채택하는 것이 상대나 또는 멤버의 이익이 된다는 것을 강조한다. 그 이익을 구체적으로 나타낼 수 있을 경우에는 숫자 같은 것을 사용하여 자세하게 말하고, 구체적으로 나타낼 수 없을 경우에는 어떻게 해서 그 이익이 자기에게로 되돌아오는가를 알기 쉽게 설명한다.

• 안전 – 안전에 대한 관심은 크다. 사고가 일어날지도 모를 안건이나 안전에 문제가 있는 안건은 동의를 얻을 수 없다.

• 명예 – 그것이 회사에 한정되는 것이건, 사회적인 것이건 명예와 연결된다는 것은 나쁠 리가 없다. 사람은 누구나 명예를 원한다.

(5) 제3자의 평가

발안자가 아무리 자기 안건의 우수성을 설명하여도 설득력은 약하다. 그 점에서 제3자의 평가는 강력한 설득력을 지닌다. 사내 전문가의 평가나 의견, 상사의 평가 등이 그렇다. 다만 상사의 평가나 의견을 공표하는 것은 강제의 의미를 지니는 경우가 있으므로 신중해야 한다. 상사가 이미 찬성한 것이라면 새삼스레 토의할 필요가 없지 않은가 하는 마음이 생길 것이다. 그밖에 외부인의 평가인 학자의 평가, 연구소의 평가 등도 설득력이 있다.

(6) 실험

실제로 입증해 보일 수가 있으면 강력한 설득력을 가진다. 실험자료도 마찬가지다. 앞에서 보는 것이니까 이미 논의할 여지는 없다.

(7) 책임

책임의 소재를 분명히 하는 것이 설득의 맨 마지막으로 할 일이다. 충분한 자신이 있어 수행 책임을 질 것을 명백히 하는 것은, 찬동을 얻기 위한 노력의 마지막 단계이다.

▶ 설득의 기술

부하 직원을 설득할 경우에 설명하는 법, 즉 말솜씨가 아무리 좋다고 하더라도 그것만으로 부하 직원을 움직일 수는 없다. 그것은 상사와 부하 직원이 사물을 보는 법이나 생각하는 법, 그리고 이해 관계, 인생관 등 여러 면에서 서로 틀리기 때문이다. 그러므로 설득할 경우에 유의해야 할 중요한 기술을 들어보겠다.

(1) 부하 직원의 이익을 강조한다

인간은 누구나 자기 이익에 대해 생각하기 마련이다. 그러므로 직접 이익과 관련되지 않을 때는 설득 당하지 않거나, 애매한 반응을 나타내거나 한다. 특히 요즘 젊은이들은 이 점을 중요시하므로 상대방의 이익을 생각해서 설득하지 않으면 효과를 거두지 못하는 경우가 많다. 그 이익도 지금 이렇게 해  두면 장차 유리할 것이라는 뒷날의 이익보다도 아주 가까운 현실적인 이익에 관심을 갖고 있는 것이다.

(2) 지위나 권력을 내세우지 않는다

부하 직원을 설득할 때 자기와 부하 직원 간에 대립 관계를 만들지 않도록 주의한다. 부하 직원에게 명령하는 것 같은 설득은 자기 지위나 권력을 이용한 강제적인 설득이지 참된 설득이라 할 수 없다. 부하 직원 쪽에서는 납득한 것처럼 보여도, 감정상으로는 절대로 납득하지 않은 것이다. 부하 직원 스스로가 상사의 말을 이해하고 자발적으로 행동하는 것이 참된 설득이다.

(3) 부하 직원의 발언에도 귀를 기울인다

부하 직원은 그 나름대로 자부심과 자존심을 지니고 있다. 따라서 상사의 의견을 받아들이지 않으려 하거나, 반대로 자기 쪽에서 의견을 말하려고 생각하는 사람도 많다. 그러므로 이런 부하 직원을 설득하려면, 우선 상대방의 발언을 타협적으로 들어본다.

"자네 의견도 좋네만, 좀더 서로 검토해보세."

이런 식으로 곧 거부하는 태도를 보이지 말고, 잠시 시간을 두고 부하 직원의 얼굴을 세워주며 설득을 해가는 것도 한 가지 방법이다.

(4) 부하 직원의 흥미를 끌어야 한다

누구나 좋아하는 취미나 오락을 가지고 있기 마련이다. 그러므로 설득이 힘들 것 같은 때는 축구나 권투에 취미를 가지고 있는 부하에게는 그 이야기를 하는 등 상대방이 흥미를 가지고 있는 분야에 대해 말을 나누어 부드러운 분위기 속에서 친근하게 설득을 하면 효과가 있

다. 어쨌든 말하는 사람의 진지함과 열의가 없으면 상대방은 움직이지 않는다.

말솜씨가 좀 서투르고 기술을 모르더라도 말하는 사람의 열의와 성의가 있으면 그런 결점을 충분히 보충할 수 있다.

▶ 상대의 마음을 읽어라

지금까지는 부하 직원에 대한 명령은 강제와 복종으로 이루어졌다. 물론 지금도 빠른 조치와 판단이 필요할 때는 이 방법이 사용된다. 그러나 일반적으로 이제는 설명하고 납득시키는 방법으로 나타난다. 이를테면 오후에 위원회에 제출할 보고서를 부하에게 작성케 하는 경우에 전자의 방법에 따르면

"자네, 위원회에 제출할 보고서를 빨리 좀 작성해주게."

라고 말할 것이며, 후자의 방법에 따르면

"오후 5시에 있을 위원회에 보고서가 필요하네. 중요한 보고서니까 자네가 작성해야 할 것 같네. 아직 세 시간 가량의 시간이 남았으니, 열심히 해보게."

라고 말할 것이다.

이렇게 후자의 방법으로 명령을 하면 "부장의 명령이니까 싫어도 할 수 없지." 하는 기분으로 하는 것이 아니라 "몹시 급한 보고서인 모

양이군. 특별히 나에게 맡긴다니 시간 안에 끝낼 수 있도록 힘을 써봐야지." 하는 마음을 갖게 된다. 그러나 부하 직원도 여러 가지 형이 있기 마련이니까, 그런 부하 직원들의 성격을 잘 알아둘 필요가 있다.

(1) 반항적인 부하 직원

반항심은 20대의 젊은 직원들에게 많으며 경험을 쌓아감에 따라 점차 줄어든다. 부하 직원이 반항적이라고 해서 상사가 맞서 버티면 더욱 더 거센 반항을 불러일으키게 된다. 이와 같은 부하 직원에게는 반대 결론을 내놓아 그것을 부정하게 하는 방법이 있다. 이를테면 A안과 B안 중 A안을 실시코자 할 경우 "B안이 좋다고 보는데 자네는 어떤가." 하면, "그보다 A안이 더 나은 것 같습니다."라고 상대방이 대답하게 된다. 또 반항하는

대상이 없으면 반항할 수 없는 것이므로 상대방의 자주성에 맡기는 것도 한 가지 방법이다.

(2) 이론적인 부하 직원

이론적인 사람이라 해도 일단 무엇이나 이유를 내세우려는 사람과, 진짜 이론적인 사람이 있다. 전자와 같은 사람인 경우에는 상대방이

하는 말을 일단 들은 다음에, "글쎄, 그것도 좋은 생각이네만, 이쪽 방법도 나쁘지는 않네.", "아무래도 상관없지만 이번에는 이쪽 방법으로 하세." 하고 이끌어나가면 된다. 후자의 사람은 이쪽 생각을 이론적으로 설명하면 납득해준다.

(3) 감정적인 부하 직원

　　　　　　감정에 사로잡히기 쉬운 사람의 경우에는 이유보다도 감정이 중요하므로 상대방의 감정에 호소하여 일을 하게 하든가, 특별히 강한 감정을 가진 사람의 경우는 상대방의 감정을 거슬리지 않도록 신경을 쓸 필요가 있다. 즉 사람을 보고서 감정을 적극적으로 이용하든가, 상대방의 감정을 상하지 않게 소극적으로 나오든가, 그 중 하나를 택해야 할 것이다.

(4) 성급한 부하 직원

직장에는 반드시 한두 사람쯤 성급한 사람이 있다. 이런 사람은 대개 사람이 좋고 설득하기 쉬운 형이기도 하다. 그러나 빨리 설득되는 대신에 자칫하다가는 잘못 이해할 우려가 있다. 정확히게 설명한 것 같아도, 잘못 받아들여 전혀 반대되는 행동을 하는 수가 있으므로 명령을 내린 뒤에 확인할 필요가 있다. 이런 사람에게는 한꺼번에 두 가지 이상의 일을 지시하지 말고 한 가지씩 시켜야 한다. 그리고 너무 복잡하게 설명하지 말고 간결하게 지시하는 편이 낫다.

(5) 말이 없는 부하 직원

스스로 발언을 하지 않을 뿐더러 상대방의 생각에 대해서 찬성도 하지 않고 반대도 하지 않는 사람이 있다. 이런 사람은 소극적인 사람이거나 좀 반응이 둔한 사람이다. 각기 지도하는 방법은 다르더라도 일

반적으로 상사가 질문하고 그에 대해 대답하도록 유도한다. 그것도 '네'나 '아니오'로 끝나는 것이 아니라 구체적인 대답이 나올 수 있도록 한다.

"그것은 어째서 그렇습니까?"

"당신이라면 어떻게 하겠습니까?"

이런 식의 질문이면 싫어도 대답할 수밖에 없다.

▶ 상대를 움직이는 화술

부하 직원을 설득할 경우, 부하 직원을 의자에 앉게 하고 자기는 그 앞에 서서 위에서 내려다보는 행동은 상대방에게 가장 위압감을 줄 수 있다. 중대한 잘못을 저질렀거나 잘못을 자주 되풀이하는 부하 직원을 나무랄 경우에는 효과가 있다.

다음은 화술의 내용에 따라 위치를 설정하는 방법을 언급한 것이다.

(1) 부하 직원을 자기 앞에 세운다

자기가 의자에 앉고 앞에 부하 직원을 세워놓고 설득시키는 방법이다. 부하 직원을 의자에 앉게 하는 방법만은 못하지만 역시 위압감을 느끼게 한다. 그러나 어느 것이나 위압감이 강하므로 부하 직원의 반감을 사서 역효과를 가져오는 수도 있다.

(2) 테이블 모서리를 이용한다

상사나 부하 직원이나 다 의자에 앉아 서로 의견을 나누는 스타일이다. 서로가 대등한 입장으로 상사가 정말 자기 일을 잘 알아주기를 원할 때나, 부하 직원의 일을 잘 알고자 할 때 적합한 방법이다. 또 부하 직원이 상사에게 제안하거나 여러 가지 일을 의논할 때에 쓰이는 방법이다.

(3) 테이블을 사이에 두고 마주 앉는다

약간 엄격한 느낌이 들어 상담이나 교섭, 또는 중요한 용건 등을 말할 때 사용하면 효과가 있다. 또 평상시 그다지 가깝지 않았던 부하 직원이나, 첫 대면하는 사람과의 이야기도 이런 스타일이 좋을 것이다.

(4) 상대방이 두 사람 이상일 때

설득하는 상대방이 두세 사람일 때는 앞서 말한 스타일로 통용되나, 그 이상의 사람일 때는 모두 일어서게 하거나 의자에 앉게 하거나 하여 말한다. 또 설명을 할 때는 칠판이나 도면 등을 이용하여 모든 사람이 이해할 수 있도록 연구할 필요가 있다.

(5) 설득하는 사람이 둘 이상일 때

부하 직원에게 중요한 사항을 납득시킬 때라든가, 중대한 잘못을 조사할 때나 또는 꾸중을 할 때는 부장이나 과장, 혹은 직속 상사 등에 의해 설득이 이루어진다. 2 대 1이나 3 대 1이 되면 설득되는 쪽에서는 그 중요성을 느끼거나 또는 위압감을 받게 된다.

▶ 다양한 질문은 대화를 활력 있게 만든다

회의식 훈련은 질문을 던져놓고 생각하게 하고 답을 끌어내고 다시금 토의하는 과정을 되풀이한다. 그러므로 질문의 방법이 중요하다. 그런데 일반적으로 사회자가 던지는 질문의 형식에는 다음 종류가 있다.

(1) 지명 질문

특정인의 이름을 불러 발언을 구하는 것. "××씨, 어떻습니까", "이런 경우 어떤 조치를 하겠습니까, ××씨"와 같이 말한다. 지명 질문은 특히 그 사람의 전문적인 의견을 듣고 싶다거나, 방관자적 태도를 취하고 있는 사람

을 끌어넣기 위해서라든가, 한번도 발언하지 않은 사람을 발언케 하기 위한 경우에 쓰여지는데, 이러한 특정한 목적이 있는 경우 이외에는 다음과 같은 전체 질문을 쓰는 것이 바람직하다.

(2) 전체 질문

특정한 사람이 아닌 참석자 전원에게 하는 질문인데, 누구나 대답해

도 좋다. "이런 일에 대하여 여러분은 어떻게 생각하십니까?", "누구 좋은 의견 없으십니까?"라고 묻는 형식을 취한다. 전체 질문에 대하여, 많은 의견이 자유로이 나올 수 있을 만한 상대가 바람직하다. 일반적으로 회의가 시작되었을 때, 처음에 지명 질문을 해버리고 그 뒤에 지명을 하지 않으면 의견이 나오지 않게 되므로, 처음부터 전체 질문을 하도록 하는 것이 좋다.

(3) 릴레이 질문

참석자 편에서 질문이 나온 경우에 취하는 방법의 하나이다. 어느 참석자로부터 질문이 나왔을 경우, 사회자가 이에 답변해버리면 다른 참석자는 생각을 해보려 하지 않는다. 그래서 누군가가 질문을 했을 경우에 "지금 ××씨로부터 …라는 질문이 있었습니다만, 여러분, 어떻게 생각하십니까?" 하는 식으로 전원을 대상으로 계속해서 질문이 이어지는 방법과 "××씨의 질문에 대해 ××씨의 의견은 어떻습니까?"라고 지명하여 계속하는 방법이 있다.

(4) 되묻는 질문

같은 참석자에게서 질문이 나온 경우에 처리하는 방법으로, 질문을 한 본인에게 되묻는 방법이다. "당신 자신의 의견은 어떻습니까?", "귀하께선 어떻게 생각하시는지 말씀해주십시오." 등과 같이 질문한 본인에게 대답하게 하는 형식이다.

일반적으로 질문이란 모르기 때문에 하는 것이지만, 그 중에는 모르는 것이 아니라 어떤 의견을 갖고 있더라도 다른 사람의 의견을 들어보고 싶은 마음에서 질문을 할 때가 있다.

사회자는 이상의 네 가지 방법을 적절하게 섞어 되풀이하면서 회의를 진행시켜나간다. 질문할 때와 받을 때, 참석자가 질문에 답하고 있을 때, 사회자는 반드시 그 본인의 눈을 마주 본다. 너무 뚫어지게 보아 상대에게 압박감을 주어서는 안 되지만, 절대로 한눈을 팔아서는 안 된다. 전체 질문일 때는 전원을 빠짐없이 골고루 둘러보는 것이 좋으며, 그 가운데서 특히 대답해주기를 바라는 사람에게 눈길을 멈추면, 상대는 대답을 요구하고 있다는 것을 깨닫고 발언하는 수가 있다. 이것도 하나의 기술이다.

▶ 상대방의 자존심을 세워주라

회사가 관리직에 있는 사람에게 기대하고 있는 일은 부장이나 과장의 개인적인 공적이 아니라 그 부나 과로서의 향상된 성과이다. 즉 부장이나 과장이 어떻게 부하를 잘 통솔하고 지도하여 성과를 올리느냐가 문제인 것이다. 그런데 상사 중에는 자기 명예욕에 눈이 어두워 과 전체의 공적을 마치 자기 혼자만의 발안인 것처럼 보이고, "이것은 다

내가 생각해서 시킨 일입니다만…"이라든가 "부하 직원이 뜻대로 움직여주지 않아 아주 혼났습니다."라는 식으로 보고하는 자가 있다.

이렇게 되면 부하 직원은, 상사는 물론 회사에까지 불만을 갖게 되어 회사의 목표 달성에 큰 영향을 미치게 된다. 관리직의 중요한 역할은 자기 명예를 세우기 위한 지위가 아니라 부하를 어떻게 잘 통솔하느냐에 있다.

말하자면 어떤 개선안을 부하가 제안했을 때는 부장이 있는 곳으로 데리고 간다.

"이번에 ××군이 이런 좋은 제안을 내놓았습니다. 제가 설명하기보다 직접 ××군의 설명을 듣는 편이 정확히 알 수 있을 것 같기에 데리고 왔습니다."

이렇게 말하고 부하 직원에게 설명케 하는 상사라면 부하 직원은 몹시 감격하여 자기 일에 보람을 느낌과 동시에 그 상사를 위해서라면 열심히 일해야겠다는 마음을 갖게 된다.

이렇게 하여 부하 직원은 자기 일에 자신감을 갖는 동시에 상사가 다시 도와주기를 기대하며, 그런 상사를 신뢰하고 일하고자 하는 의욕이 생기게 된다. 가령 젊은 영업 사원이 큰 거래의 교섭을 시작했을 때는, 마지막 단계에 가서 상사가 직접 나가 거들어주거나 성공하기 쉽게 이끌어주면 부하도 일에 보람을 느끼게 된다. 거래 교섭뿐만 아니라 그밖의 일에서도 여러 가지 어려움에 부딪쳐 곤란을 겪고 있을 때 상사가 지혜를 귀띔해주거나 해결책을 생각해주면 큰 자극이 된다.

부하 직원의 성공을 도와주는 일도 중요하지만, 반대로 부하 직원이 실패했을 때 그것을 덮어주는 일도 중요하다. 예를 들어 부하 직원이 잘못을 저질렀다면 될 수 있는 한 자기가 처리하는 방향으로 하고, 상사에게 보고할 때도 감독상의 책임으로 하는 것이다. 또 부하 직원의 실수로 단골손님이나 다른 부서나 과에 누를 끼쳤거나 불만이 들어왔을 때는 상사 자신이 직접 나가 사과하고 부하 직원을 도와 해결을 도모하면, 부하 직원의 잘못도 비교적 쉽게 해결될 수 있다.

중요한 것은 상사가 진심으로 부하 직원을 생각하여 그의 성장을 바라는 마음으로 부하 직원을 격려해야 한다. 부하 직원은 진심으로 자신을 격려하고 칭찬해준 상사에게 깊은 호의와 신뢰를 갖게 되고, 일에 대한 의욕이 생겨 점점 좋은 성과를 올리게 된다.

호감을 주는 화술법

상대에게 호감을 주려면 먼저 이야기하는 방법이 명쾌해야 한다. 명쾌하다는 것은 발음이 명확하고, 또 활기 있는 말투를 쓰는 것을 가리킨다.

발음을 명확히 하는 것은 생각만으로 되지 않는다. 우리의 발음이란 말을 익히기 시작한 어린 시절부터 오랜 세월의 훈련을 거쳐서 익힌 것이기 때문에 쉽게 고칠 수는 없다. 만약 발음이 별로 명확하지 못한 사람이 명쾌하게 발음하고 싶다면 끈기 있게 발음 연습을 해야 한다.

그러려면 우선 이야기의 속도를 늦춰야 한다. 기본음은 될 수 있는 대로 입을 크게 벌리고 천천히 발음하는 연습을 매일 되풀이한다. 여러 가지 재빠른 말, 예를 들면 '강 건너 저 콩깍지는 깐 콩깍지냐 안 깐 콩깍지냐', '간장 공장 공장장은 강 공장장, 된장 공장 공장장은 장 공장장' 같은 말을 종이에 적어놓고, 정확하게 말하는 연습을 되풀이한다.

그리고 활기 있는 말투는 신체의 건강과 이야기의 주제를 명확하게 표현하려는 의욕과, 이야기의 내용에 대한 자신감에서 기인한다. 건강이 좋지 못할 때는 아무리 큰소리로 명확하게 이야기하고 있는 것 같아도 긴장감이 부족하고 목소리에 힘이 없다. 그러나 건강할 때는 자신은 의식하지 못하더라도 이야기에 활기가 있게 마련이다.

마음속에 전해야 할 내용이 넘치고, 그것을 이해하고 싶어하는 열성적인 많은 청중이 눈앞에 있을 때는 자연히 의욕과 자신감이 솟아올라 아주 명쾌한 이야기를 할 수 있게 되는 것이다. 강연을 요청 받아 갔는데 넓은 회장에 청중이 별로 없는 경우에 연사는 의욕이 상실되어 자연히 힘없는 목소리가 되기 마련이다.

사람을 끌어당기는 화술의 두번째는 언어의 문제이다. 전쟁 전에 교육을 받은 사람에게는 한자를 이따금 사용하는 것이 효과적이지만, 점점 이러한 말투는 환영을 받지 못하고 있다. 그러한 말투를 쓸 수 있는 사람이 적어졌고, 듣는 쪽이 언어 자체를 이해할 만한 지식이 없어서 이야기를 이해하지 못할 우려가 있다. 최근 연극을 보다가 깨달은 일인데, 고전에 나오는 만담이나 이야기 등을 듣고 관객들이 웃는 대목이 전과는 많이 달라졌다는 것이다. 멋들어진 익살도 잘 이해할 수 없는 듯, 웃는 사람이 적어졌다.

요즘에는 차라리 알기 쉬운 말로 까다롭지 않게 이야기하는 편이 좋다. 될 수 있는 한 어려운 한자어를 피하고 알기 쉬운 말로 이야기해라.

세번째는 말을 거는 태도의 문제이다. 청중을 끌어당긴다는 것은 연사와 청중 사이에 마음이 통한다는 것이며, 그렇게 되기 위해서는 연사가 청중 한 사람 한 사람에게 말을 거는 자세가 중요하다. 연사의 시선은 언제나 청중 전체를 향하고 있어야 하며, 이따금 특정한 개인에게 시선을 돌리는 것도 필요하다.

그리고 말을 거는 태도는 곧 말씨로도 나타낼 수 있다. "…이지요", "…가 아니겠습니까", "여러분은 어떻게 생각하십니까" 하는 '물음'과 '다짐'의 말을 이따금 쓰는 것은, 청중을 이야기 속에 끌어넣는 데 상당히 도움이 된다.

사람을 끌어당기는 화술의 네번째는 이야기를 어떻게 시작하느냐의 문제이다. 만담가나 재담가는 연단에 올라간 처음 얼마 동안은 아주 작은 소리로 이야기하기 시작한다. 객석이 혼란하여 차분해지지 않는 동안에는 일부러 작은 목소리로 가만 가만 이야기하게 되면, 갑자기 객석이 조용해진다고 한다.

첫머리에 느닷없이 놀라운 발언을 하는 수도 있다. 결혼식 피로연의 인사말에서, "나는 지금 신랑을 원망하고 있습니다." 하고 서두를 꺼내는 사람이 있었다. 그 자리에 왔던 손님들은 순간 깜짝 놀라 귀를 바짝 세우고 들었다. 그 사람은 이토록 많은 사람들에게 귀여움을 받아 온 아름다운 신부를 독차지해버리는 신랑에 대한 익살스러운 원망을 말하고, 우리는 신부의 후원자로서 신부의 장래 행복을 신랑에게 맡기니 잘 부탁한다는 뜻이었다. 또, '북극의 빙산을 녹일 것 같은 뜨거운 뉴스'나 '그 지방에 관련된 이야기', '건강과 질병에 관한 이야기' 등도 청중의 주의를 끌기 쉽다. 미리 서너 가지를 준비해두었다가 그 자리에 어울리는 적절한 말을 쓰면 좋다.

▶ 감정 언어는 가능한 한 삭제하라

인간은 모든 일에 다 능통할 수 없으므로 누구나 잘못을 할 수도 있고, 근무 의욕이 떨어지는 일도 있다. 이런 때 안심하고 의논할 수 있는 상사가 있으면, 그 부하 직원은 다시 의욕을 되찾게 된다. 그러나 "일일이 그런 말까지 할 필요가 뭐 있나."라든가, "말이 많군." 하고 덮어놓고 소리를 지르는 상사가 있다. 그렇게 되면 부하 직원은 의지할 곳이 없어 점점 의욕을 잃고 만다.

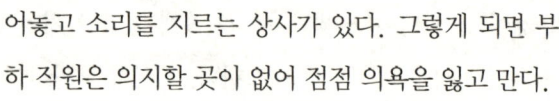

요즘의 젊은이들은 변명을 하거나 뭔가 괴로운 사정을 말할 때도 자기 본위가 되기 일쑤이다. 이 같은 부하 직원의 경향을 생각지 않고 "적당히 해두게.", "아까부터 듣고 있자니 자네는 자기 형편만을 말하고 있지 않은가.", "세상이란 그런 것이 아니야." 하며 일방적으로 부

하 직원의 발언을 인정치 않는 상사도 있다. 그러나 잘못된 의견이라도 끝까지 듣고 그 시비를 가려 이야기를 하면 상하의 의사소통이 잘 된다.

부하 직원은 자신의 잘못에 대해 변명을 하고 싶고 자기 의견을 말하고 싶은데, 상사 쪽에서 덮어놓고 억누르면 대화에 적극적으로 참여하려는 의욕이 있다 해도 그 의욕은 저하되고 오히려 상사에게 불만이 생기거나 반발심이 되어 나타난다.

모욕감을 느끼게 하는 말도 있다.

남자를 보고 남자답게 굴어 라든가, 여자에 대해 여자답게 굴어라고 말하는 상사들이 상당히 많다. 이와 같은 말이 때와 상황에 따라서는 부하 직원을 정신차리게 할 수도 있다. 그러나 요즘 젊은이들은 이 '답게 하라'는 말에 반발을 느낀다. 특히 여자의 경우는 "여자답게 굴어라." 하면 몹시 기분 나빠한다. "여자만도 못하지 않아.", "유치원생도 그만한 일은 하겠다."라는 말을 하면 그 말을 들은 부하 직원은 "무슨 소리야, 자기는 뭐 잘났다고." 하는 말이 나오게 된다.

또 "몇 년을 해야 제대로 하겠나, 나이가 몇인데.", "부모님이 꽤나 속썩었겠군." 하며 충분한 설명도 하지 않고 잔소리만 하는 상사가 있다.

오늘날 부모 자식 간의 관계는 상당히 달라졌다. 부모는 부모, 자기는 자기라는 생각이 압도적이다. 그러므로 부하 직원은 "도대체 제 잘못이 부모와 무슨 상관입니까." 하는 말이 나오게 된다.

부하 직원의 자존심을 상하게 하는 말은 상사로서 삼가야 한다.

▶ 화술의 설득은 평소의 인간관계에 있다

상사에 대한 구체적인 설득에는 업무 개선이나 사무 합리화에 대한 의견, 신년도 예산 편성에서의 새 예산 획득, 업무량의 증가에 따르는 인원 보충 등 일을 효과적으로 달성하는 데 대단히 중요한 일이 많다. 그러므로 부하를 설득하는 능력이나 다름없이 상사를 설득하는 능력도 대단히 중요하다.

상사에 대한 설득은 상대방이 납득할 만한 이론적 근거가 있고, 그와 동시에 기업의 이익 향상에 도움이 되는 것이 아니면 설득력이 약하다. 비즈니스는 논의가 아니므로, 또 설령 논의로 상대방을 설복했다 하더라도 그것이 채택되고 실행되지 않으면 아무런 의미가 없다. 설득은 그것이 실행으로 옮겨지는 일을 최종 목적으로 하고 있다.

그런데 조직 성격상 상층부로 올라갈수록 상의하달의 의식이 강하다. 그러므로 상사에 따라서는 비록 부하 직원의 제안이 뛰어나도 그 제안을 받아들이지 않는 일이 많다.

"자네의 의견은 상당히 좋은데, 일단 실행 단계에 들어서면 여러 가지 면에서 어려운 점이 있을 것 같군. 전체와 관련시켜 다시 한 번 잘 생각해보기로 했네."

"이것은 그 나름대로 상당히 좋기는 하지만, 이 밖에 더 중요한 일이 있다고 생각되어서."

이런 상사일 경우, 오히려 이쪽에서 선수를 치는 것도 한 가지 방법이다.

"과장님, 이 안은 회사 전체의 성과를 올린다는 점도 충분히 고려해서 작성한 것이니 검토해주십시오."

"현재의 우리 회사 상황으로 보아 이렇게 하는 것이 가장 중요한 일이라고 생각됩니다만, 과장님의 의견은 어떠신지요?"

이런 식으로 말하면 과장도 마음속으로 "말솜씨가 보통이 아닌데, 어디 잘 검토해볼까." 하고 생각하게 된다.

또 상사의 화를 돋우게 하는 일도 한 가지 방법이다.

"여러 가지 어려운 점이 있다는 것은 구체적으로 어떤 일입니까?"

"그밖에 더 중요한 일이 있다면 그것을 확실히 지시해주십시오. 거기에 따라 저도 다시 생각해볼까 합니다."

이런 식으로 말한다. 그러면 상사는 그 일을 분명히 지시할 것이다. 그러나 부하 직원의 말을 그대로 받아들이지 않는 상사일 때는 "무슨 소리야, 건방지게."라든가 "내가 하는 말에 불만이 있나." 하고 화를 낼 것이다. 그래도 무방하다. 마음속으로는 자신의 아픈 곳을 찔렀다고 생각할 것이다. 그 뒤로는 상사의 체면을 세워가며 차근차근히 설명해나가면 되는 것이다.

물론 이와 같은 설득을 하려면 평상시부터 상사에게 신뢰를 받아야 한다. 부하 직원으로부터의 신뢰도 중요하지만, 상사로부터의 신뢰도 가볍게 보아 넘길 수는 없는 노릇이다

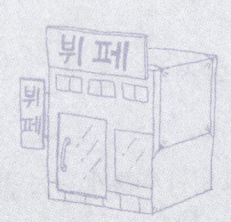

9

훌륭한
일상회화 사용법

일상생활에서 중요한 것은 아침저녁으로 하는 인사말이다. 직장에서는 만나는 사람마다 아침인사를 하게 되는데, 될 수 있는 한 자기 쪽에서 먼저 하도록 한다. 상대방이 자기보다 늦게 입사했다고 무시를 해버리는 경향이 있는데, 그것은 시대에 뒤떨어진 비즈니스맨의 사고방식이다.

9. 훌륭한 일상회화 사용법

▶ 호칭은 화술의 중심이다

요즘 젊은이는 존댓말을 할 줄 모른다든가 존댓말이 서투르다는 말을 흔히 듣는다. 이것은 극단적인 예이지만, 어느 회사의 과장이 신입사원으로부터 "이것은 어떻게 하는 거요"라는 질문을 받았다는 것이다. 또 신입사원 교육에서 강사가 질문했더니 "잘 모르겠는데"라고 하여 깜짝 놀랐다는 말을 들은 일도 있다. 이런 사원이 손님을 대하게 된다면 반드시 손님을 화나게 할 것이다.

보통 직장에서 상사에 대한 말씨는 "…입니다" "…습니다"식의 표준어를 쓰는 것이 상식으로 되어 있다.

자기를 가리키는 대명사는 '나'를 표준으로 하여 '저'는 손윗사람에 대한 말이라 할 수 있다.

"저는 노래와 수영을 좋아합니다."
"저는 이번에 총무부에서 경리부로 옮겨온 XX입니다."
"저희들에게 연락을 주시면 곧 찾아뵙겠습니다."

여기서 주의해야 할 것은 자기 직명을 이름에 붙여서는 안 된다는 것이다.

"제가 XX부장입니다" 하면 잘못이며, "제가 부장인 XX입니다."라고 말해야 한다. 이것은 앞에서도 말한 것처럼 직명 그 자체가 경칭이 되므로 자기에게 경칭을 붙이는 것은 우스운 일이다.

상대방을 부를 때의 대명사는 '당신'을 표준형으로 한다. 좀 높여 '댁'이란 말을 쓰기도 한다.

"당신 주소를 여기 써주세요."

"댁의 성함을 말씀해주시겠습니까?"

'나'나 '당신' 외에 '본인', '자네'라는 말이 있지만 이 말은 친한 친구 사이라면 괜찮지만 직장에서는 쓰지 않는 편이 좋다. 또 요즘에 '자기'라는 말을 많이 쓰고 있는데, 이 역시 권할 만한 말은 아니다.

중요한 것은 아침저녁으로 하는 인사말이다. 직장에서는 만나는 사람마다 아침인사를 하게 되는데, 될 수 있는 한 자기 쪽에서 먼저 하도록 한다. 상대방이 자기보다 늦게 입사했으니까, 또는 부하 직원이니까 상대방 먼저 인사하기를 기다리는 사고방식은 시대에 뒤떨어진 비즈니스맨이 갖고 있는 생각이다.

▶ 고급어를 사용하라

동작이나 상태 등에 관한 경어는 존경어와 겸양어 그리고 공손한 말로 나눌 수 있다.

(1) 존경어

윗사람의 동작이나 상태를 존경해서 쓰는 말이다. 보통 동작을 나타내어 동사에 '…셨습니다'를 붙인다.

"서류를 가지고 오셨습니까?"

"여쭤보실 말씀은 무슨 말씀이십니까?"

"이 서류에 성함을 적어주시겠습니까?"

(2) 겸양어

자기의 일, 또는 자기에 속한 것에 관하여 낮춰 간접적으로 상대방을 존경하는 말이다.

"제가 회사를 안내해드리겠습니다."

"직접 본인에게 전하겠습니다."

"지금 하신 질문에 대답하겠습니다."

"내일은 좀 쉬게 해주십시오."

(3) 공손한 말

실제로 비즈니스에 사용하는 말은 신속하고 정확해야 하므로, 직장에서는 무턱대고 경어를 쓰지 않는 편이 좋다고 생각한다. 이를테면 상사에게 보고나 설명을 할 경우에 존경어나 겸양어를 쓰면 말이 복잡해질 수가 있다. "부장님, 결재해

주십시오." 하고 첫말만 경어를 쓰고 나머지는 보통 많이 쓰는 말로 하는 편이 비즈니스에서는 적당하다.

그렇다고 경어를 몰라도 된다는 것은 아니다. 회사 밖의 사람과 말할 경우에는 당연히 써야 하며, 경어를 모르고 있으면 막상 써야 할 경우에는 쓰지 못하게 된다. 이때 조심해야 할 일은 회사 안 사람의 행동에는 경어를 쓰지 않는다는 것이다. "우리 과장님이 이렇게 말씀하였

습니다."가 아니라 "이렇게 말했습니다."라고 말해야 할 것이다.

▶▶ 수다쟁이는 이런 화술로 처리하라

　모임에서 모든 사람에게 공평한 발언의 기회를 주려고 한다면, 너무 말이 많은 사람을 조절하는 것은 사회자의 중요한 역할의 하나이다. 말이 많은 데도 여러 가지가 있다. 이를테면 다음과 같은 경우이다.

(1) 미리 앞서 생각해나가 다른 사람보다 빨리 결론을 내버리는 사람

　이런 사람이 계속 말을 하게 되면 다른 사람들은 천천히 생각할 수 없다. 그러면 회의 시 훈련의 의미가 없어져버린다. 이런 사람들에게는 될 수 있으면 미리 의논하여 다른 사람의 말을 충분히 듣도록 부탁을 한다든가, 미리 결론을 내리지 않도록 주의를 부탁한다. 혹은 그 사람이 결론을 먼저 내버리면 그에 이르는
경과를 다른 사람에게 설명하도록 부탁하거나, 토의를 뒤로 돌릴 필요도 있다.

(2) 생각이 정리되어 있지 않고 이야기의 지엽적인 점에 사로잡혀서 주제를 벗어나거나 개인적인 경험을 길게 이야기하는 사람

　조심하지 않으면 토의가 긴장감이 없어지고 터무니없는 방향으로 빠지게 된다. 이러한 경우에 사회자는 의식적으로 조절을 해야 된다. "이야기가 빗나가고 있는 것 같으니까 다시 되돌아갑시다." 하고 다른 사람의 발언을 유도하고, "시간이 없으니까 그 이야기는 다음 기회로 미루기로 해주시고…" 하고 직접 조정하기도 한다.

(3) 그룹의 토론을 이끌고 자기 주장을 인정하게 하려는 야심적인 발언을 하는 사람, 강한 경쟁심에 불타서 논의에 이겨 자기의 존재를 강조하려는 사람

이런 사람을 조정하는 경우는 신중을 요한다. 앞서 말한 대책으로는 조정되지 않기 때문이다.

무엇보다도 중요한 것은 사회자가 토의의 주도권을 가지고 있어야 하는 일이다. 이 경우에는 어느 정도 '자유로운 토의'가 희생되어도 할 수 없다. 사회자가 빈틈없는 조절로 진행해야 한다. 따라서 지명 질문이 많아지는 것도 부득이하며, 발언 도중에 사회자가 끼어드는 것도 이 경우에는 용납해야 한다.

이러한 사람의 발언은 절대로 무시해서는 안 된다. 무시하고 지나치려고 해도 반드시 다시 문제삼게 될 것이다. 그보다는 그 발언이 부당한 것이라면 반대 의견을 불러모으거나 다수의 의견으로 이를 누른다.

물론 사리나 도리에 합당한 주장은 정당하게 취급해야만 한다. 그러나 그렇지도 못한 것을 따르는 일은 엄격히 삼가야 하며, 아닌 것은 아니라고 하는 뚜렷한 태도를 취해야 한다.

화술의 서두는 부드럽게 하라

남과 인사를 하고 말을 나누고 싶어도 접근하는 방법을 몰라서 입을 다물게 되는 사람도 많다. 이야기를 꺼내어 화제를 끌고 가는 데는 대략 다음과 같은 말을 활용하면 좋다.

⑴ "날씨가 춥습니다", "퍽 덥군요" 등과 같은 기후나 계절에 관한 인사말부터 꺼내는 방법이다. 이것은 가장 쉬운 방법으로 언제나 사용할 수 있다.

⑵ 도락·취미·기호에 관한 이야기로 시작하는 방법이다. 상대방의 취미나 기호를 알아낼 수 있는 기회는 응접실에 진열해놓은 상패, 한구석에 놓여 있는 골프채 등을 살펴봄으로써 알 수 있을 것이므로, 이런 화제에 상대방은 흥미를 느낄 것이다.

⑶ 뉴스(방송·신문·잡지 등의 화제)에 관한 이야기도 접근하기 쉬운 방법이다. 새로운 소식에 대한 호기심은 누구나 가지고 있기 마련이다. 상대방의 흥미에 맞는 화제를 꺼내면 효과적이다.

⑷ 여행길에서 얻은 화제나 여행했던 명승지는 재미있는 화제가 될 수 있다.

⑸ 친척·친구·유명인 등에 관한 화제를 꺼내는 것도 한 방법이다. 알고 보면 상대방과 공통된 친척은 의외로 많은 법이다. 동향인·동창생·전우 등 공통된 이야기를 계기로 접근하는 일도 효

과가 있다.

(6) 가족이나 가정에 관한 이야기로 시작해도 좋다. 부모란 자식을 칭찬해주면 좋아하기 마련이다.

(7) 건강, 병, 치료법 등의 이야기는 서로의 거리감을 없애고 더욱더 친근감을 느끼게 한다. 이를 치료받고 있는 사람에게는 "실은 저도 어금니가 충치라서…" 하며 맞장구를 쳐주면 좋다.

(8) 성 문제에 관한 이야기는 아무 때나 꺼낼 수 있는 화제는 아니지만, 상당히 친한 상대방이면 술을 한잔씩 나눌 때 적당히 화제로 삼을 수 있다. 단 상대방이 여자일 경우에는 삼가는 편이 좋다.

(9) 일이나 직업에 관한 이야기는 말할 계기를 만드는 데 아주 중요하다. 일에 관한 이야기는 생활과 인생관과도 결부되므로 서로의 공통점도 발견하기 쉽다.

(10) 의식주. "참 멋있는 넥타이를 매고 계신데, 부인께서 고른 것입니까?", "저도 비빔밥을 무척 좋아합니다.", "나무도 많고 참 정원이 좋습니다" 등, 의식주에 관한 화제는 얼마든지 있다.

이상과 같은 화제를 인사말이나 대화에 자주 활용하여 좋은 인간관계를 맺을 수 있도록 노력해야 한다.

▶ 본인의 소개는 이렇게 하라

현대사회는 PR시대라고도 한다. 자기를 내세우는 것은 그다지 환영할 만한 일이 못되지만, 자기를 남에게 알리다는 것은 중요하다. 자기 소개를 하는 것은 첫 대면의 불안감을 없애고 적극적으로 상대방과 인간관계를 맺고 가까워지고 싶다는 마음의 표시이다. 자기 소개는 우선 이름을 알리고 자신에 대한 인상을 깊게 심어주려는 두 가지 목적을 지니고 있으므로, 그 목적을 이룰 수 있는 내용과 연구가 필요하다.

(1) 자기를 소개하는 일반적인 방법

"××라 합니다. ××대학을 졸업하고 이 회사에 들어왔습니다. 지금 총무부에 소속되어 있습니다. 앞으로 잘 부탁합니다."

"처음 뵙겠습니다. ××라 합니다. 말씀은 오래 전부터 들어서 잘 알고 있습니다. 오늘은 부탁 말씀이 있어 찾아왔습니다."

"갑자기 폐를 끼쳐드려 죄송합니다. 저는 ××라 합니다. ××대학을 작년에 졸업하여 지금 ××기업에 근무하고 있습니다. 잘 부탁드립니다."

"××회사의 ××입니다. 주문하신 물품을 전해 드리려고 찾아왔습니다."

(2) 회합에서의 자기 소개 방법

친목회·축하회·도민회 등의 회합 장소에서 자기 소개를 하는 것은, 단순히 자기를 소개할 뿐 아

니라 인사도 겸해서 상대편에게 자기의 인상을 깊이 심어주기 위한 것이다. 그러나 어디까지나 회합의 부분적인 일이므로 그 회합을 의의 있게 해야 한다는 생각을 잊어서는 안 된다. 예를 몇 가지 들어보자.

"저는 ××라 하며, 현재 ××회사에 근무하고 있습니다. 오늘 문화상을 받으신 ××선생님과 저의 부친은 동향이시며, 저도 소년 시절부터 선생님께 여러 가지 도움을 받고 있습니다. 부친께선 건강이 좋지 않으셔서 참석하지 못하시므로 제가 대신 이 자리에 나온 것입니다."

"성은 ×, 이름은 ××라는 참으로 씩씩한 이름입니다만, 사실은 아주 다정한 남자라고들 합니다. 올봄에 ××도에서 올라왔습니다. 빨리 표준어를 익히려고 노력하고 있습니다만 모르는 사이에 사투리가 튀어나와 곤란을 겪습니다. 앞으로 여러분의 많은 지도 편달이 있기 바랍니다."

"××가 없는 동창회는 오아시스 없는 사막과 같다는 말을 듣고 싶어서 온힘을 다해 노력하고 있는 ××입니다. 23기생으로 현재 모교에서 교편을 잡고 있습니다. 잘 부탁합니다."

▶ 타인의 소개는 이렇게 하라

서로 모르는 두 사람을 소개할 때 소개자는, 소개되는 사람과 소개받는 사람의 인간관계를 이어주는 다리 역할을 하는 것이므로 바람직한 인간관계를 이룰 수 있는 내용에 대한 연구가 필요하다.

"××씨입니다", "저의 친구입니다" 등 간단하게 말하는 사람도 있으나, 이것만으로는 대화의 계기가 될 수 없으므로, 서로 대화를 나눌 수 있는 화제를 제공해주는 것이 중요하다. 자기와의 관계, 직업, 취미 등 본인에게 실례가 되지 않을 한도에서 소개한다.

타인을 소개할 때는 양쪽을 다 소개할 때도 있고, 한쪽은 상대방을 이미 알고 있어 한쪽만 소개할 때도 있다. 양쪽의 경우는 너무 세세하게 늘어놓으면 시간이 오래 걸리므로, 이름만 소개하고 대화는 두 사람에게 맡겨버리는 방법도 있다. 어느 방법이든 두 사람이 어색해지지 않고 화기애애한 대화를 나눌 수 있도록 만들어주어야 할 것이다.

"소개합니다. 이쪽은 ××씨, 이쪽은 ××씨입니다."

"××씨, 소개합니다. 이 사람은 나의 대학 친구인 ××군입니다. 대학 때는 야구를 했습니다. 고향은 ××입니다. 잘 부탁합니다."

"소개하겠습니다. 이 사람은 저와 같이 있던 관리과의 ××군입니다. 앞으로 ××군이 이 회사로 오게 되었으니 잘 부탁합니다. ××군, 이분은 ××과장님이셔."

▶ 방문 시의 화술법-①

예고도 없이 남의 집을 방문한다는 것은 대단히 실례된 일이다. 친한 친구 사이라면 허용될지 모르지만 선배나 첫 대면을 하는 사람일 때는 방문하기 전에 상대방의 의사를 묻는 것이 예의이다.

현대처럼 바쁜 시대에는 여간해서 자유로운 시간을 갖기 힘들다. 각기 예정이 있고 바쁜 생활을 하고 있으므로 갑자기 방문하게 되면 상대방의 예정을 어긋나게 하고 방해가 된다. 또 상대방이 집을 비워 헛걸음을 하기도 한다. 그러므로 방문할 때는 반드시 미리 상대방의 의사를 묻는다. 예를 몇 가지 들어보자.

"찾아뵙고 부탁드릴 말씀이 있습니다만, 몇 시쯤 가면 되겠습니까?"

"실은 요전에 찾아뵈었던 그 일에 대한 내용을 상세히 설명해드릴까 하여 내일 오후 2시에 찾아뵈려고 하는데, 형편이 어떠신지요?"

"요전에 전화를 걸었던 ××에 대한 일인데, 아무래도 직접 찾아뵙고 말씀드리는 것이 좋을 것 같아 뵐까 하는데 어디로 찾아가면 좋겠습니까? 장소를 말씀해주시면 그곳으로 가겠습니다."

"지난번에는 바쁘신데 실례가 많았습니다. 실은 그때 말씀드렸던 ××군이 시골에서 올라왔으므로 인사차 함께 찾아뵈려고 하는데 지금 찾아가도 되겠습니까?"

이상과 같은 요령으로 말을 꺼내면 되지만, 이때 주의해야 할 점이 몇 가지 있다. 첫째로 방문자 자신이 직접 형편을 물어야 한다. 제3자가 끼면 착오를 가져오기 쉽다. 둘째로 월일, 시간, 장소를 확실히 해두는 일이다. 그리고 방문자는 이 시간을 반드시 지켜야 한다. 가능하면 좀 일찍 목적지에 도착하는 것이 좋다.

▶ 방문 시의 화술법-②

방문했을 때는 우선 "계십니까" 하고 인사말을 한 다음, 상대방이 "어서 오세요" 하고 말하면 오버나 코트를 벗고 들어간다.

• 방문하는 쪽

"××라 합니다. 사장님께서 계십니까?"

"3시로 약속을 했습니다만, 버스 사고로 늦어졌습니다. 정말 죄송합니다."

이렇게 인사말을 한 뒤에 다음과 같이 찾아온 목적을 말한다.

"제가 조금 전에 전화를 했던 ××입니다만, 사장님께선 댁에 계십니까?"

"저는 ××학원의 ××입니다. 선생님께 강연을 부탁드릴까 하고 찾아왔는데 댁에 계신지요?"

아무 소개도 없이 처음으로 찾아갔을 때는 될 수 있는 한 간단히 자기 소개를 하고 방문의 목적을 알린다.

"××회사의 ××입니다(명함을 한 장 내민다). 오늘은 ××로 찾아왔습니다. 사장님께서 댁에 계십니까?"

두 번째 찾아갔을 때는 이렇게 말한다.

"전날 ××건으로 찾아왔던 ××회사의 ××입니다. 갑자기 찾아와 죄송합니다만, 사흘 뒤에 다시 한 번 찾아오라는 말씀이 있었기에 들른 것입니다."

• 방문을 받는 쪽

방문객이 인사를 하면 받는 쪽도 기분 좋게 인사를 하고 맞아들여야 한다.

"어서 오십시오."

"잘 오셨습니다."

"네, 있습니다. 잠깐만 기다리세요."

또 방문객이 이름을 말하지 않을 때는 다음과 같이 묻는다.

"누구신가요?"

"네, 저는 ××입니다만, 누구신가요?"

"실례입니다만, 어디 계신 분입니까?"

만일 찾아온 목적을 모르거나 의문점이 있을 때는 "무슨 볼일로 오셨습니까", "어떻게 오셨습니까" 하고 물어볼 필요가 있다.

또 예고도 없이 찾아온 방문객이 있는데, 마침 본인이 집에 없을 때는 "마침 외출 중입니다만… 만일 전해도 괜찮은 말씀이라면 제가 듣고 전달할 수도 있는데요." 하고 공손히 인사를 한다.

방문 시의 화술법-③

남의 집을 방문했을 때는 특별히 초대를 받은 경우를 제외하고는 필요한 용건이 끝나면 곧 자리를 뜨는 것이 예의이다. '이제 그만 갔으면' 하는 생각

9. 훌륭한 일상회화 사용법

을 갖게 하거나, 그 같은 눈치를 안 다음에야 "이제 그만…" 하고 일어서다면 그 방문은 실패이다. 그리고 용건을 마치고 돌아갈 때는 방문한 사람이나 주인은 서로 작별 인사를 나눈다.

• 돌아갈 때 하는 인사

"이것 폐가 많았습니다."
"오랜 시간을 빼앗았습니다."
"바쁘실 텐데, 만나주시어 정말 고맙습니다."
"그럼, 오늘은 좀 바쁜 일이 있어서 이만 실례하겠습니다."

• 보낼 때 하는 인사

"오늘은 제대로 대접도 못해드려 죄송합니다."
"일부러 찾아오셨는데, 도움이 못되어 드려서…"
"죄송합니다. 돌아가시거든 여러분께 안부 전해주세요."

▶ 사양은 이런 화술로 처리하라

돈을 빌려달라거나 도움을 달라고 할 때 잘못 거절하면 서로가 어색하여 끝까지 불쾌감이 남게 된다. 그러니 만큼 신중을 기하여 거절의 말을 해야 한다. 다음은 거절 방법의 구체적인 예들이다.

(1) 돈을 빌려달라고 할 때

"다른 일이라면 무엇이나 다 응하겠습니다만, 아무래도 돈 만은… 언짢게 생각 마세요." "이것 너무 매정한 것 같아 괴롭습니다만, 금전 거래는 하지 않기로 해서요. 나쁘게만 생각 마십시오."

(2) 도와주기를 요구할 때

"관련된 곳은 다 알아보았지만 도저히 손이 닿을 만한 곳이 없군요. 참으로 죄송합니다만, 도와드릴 수 없을 것 같습니다."

"공교롭게 이번 일요일은 집안 모임이 있어서요. 벌써부터 가기로 약속을 해놓았으니 어쩝니까, 정말 죄송합니다."

(3) 혼담이 들어왔을 때

"뜻하지 않은 반가운 이야기입니다만, 잘 생각해보니 아무래도 저한테는 맞지 않는 혼담인 것 같아서 그러는데, 없던 것으로 해주십시오."

"정말 저 같은 사람에겐 과분한 말씀이라 고맙게 생각합니다만, 결혼할 마음이 없어서 그러니 언짢게 생각지 마십시오."

(4) 그 밖의 일을 요구해왔을 때

"소개해드려도 좋겠습니다만, 저 자신이 너무 신용이 없는 터라 오히려 당신께 실례가 될 것 같아 미리 거절하는 것이니, 다른 분을 알아보시죠."

"그분은 잘 알고 있으므로 소개해드리는 거야 쉽습니다만, 제가 지금까지 여러 사람을 소개했다가 번번이 실패를 했기 때문에 면목이 없어서요. 죄송합니다만, 다른 분을 통해 소개를 받는 것이 좋을 것 같습니다."

"취지는 잘 알았습니다만, 제 신조가 이런 종류의 일에는 관계하지 않기로 되어 있어서 그럽니다. 정말 죄송합니다."

10

비즈니스맨이 갖추어야 할 화술 조건

커뮤니케이션의 좋고 나쁨에 따라 비즈니스를 좌우하는 현대 사회에서는 대화의 능력은 지위의 높고 낮음에 관계없이 모든 비즈니스맨이 지녀야 할 능력이 되고 말았다. 이제 말재주가 있고 상대방의 말을 잘 들을 줄도 아는 비즈니스맨이 모든 기업 활동의 주역을 맡는 시대가 된 것이다.

10. 비즈니스맨이 갖추어야 할 화술 조건

▶ 능한 화술은 비즈니스의 꽃이다

비즈니스맨의 하루는 그 지위의 높고 낮음이나 일의 내용에 관계없이 대화로 시작하여 대화로 끝난다고 해도 지나친 말이 아닐 것이다. 아침에 출근하여 "안녕하십니까" 하는 인사로 시작하여 조조 간부회의, 각 부서별 미팅 등 말할 기회는 상당히 많다.

일이 시작되면 중역들은 회사의 경영 방침과 계획에 따라 중견 간부와 대화를 갖고, 중견간부는 다시 부하 직원과 대화를 가져, 회사의 경영 계획을 효과적으로 달성하려고 노력한다. 또 일선의 관리자는 부하 직원이 일을 보다 잘할 수 있도록 지도한다. 이 같은 지도나 연락은 거의 말로써 이루어진다.

일반 사원의 경우도 마찬가지다. 이를테면 무역회사에서는 보다 좋은 상품을 싼값에 사들여 될 수 있는 한 좋은 조건으로 많이 판매해야 한다. 그러기 위해서는 우선 다른 회사와의 교섭, 단골 고객과의 상담 등 모든 것이 말하는 일과 듣는 일로 시작해서 끝난다. 여느 회사에서도, 하루 종일 말없이 지나는 일은 전혀 없을 것이다.

회사 내에서는 상부의 명령이나 지시가 제대로 전달되지 않으면 조직 운영 면에 차질이 온다. 또 최근에는 회사 내부의 커뮤니케이션이

위에서 아래로 내려오는 경우만이 아니라, 아래에서 위로 올라가는 커뮤니케이션도 중요시되고 있다. 업무 개선, 판로 확장 등에 관해 부하가 상사에게 의견이나 요망 사항을 많이 말하는 체계가 되었다.

이처럼 비즈니스 생활은 대화의 연속이다. 아니, 비즈니스만이 아니라 인간의 일생이 대화의 연속이라 할 수 있다. 인간이 혼자서는 살 수 없는 한 너무도 당연한 일이다.

그러나 말재간이 있느냐하고 물으면 그렇다고 자신 있게 대답할 수 있는 사람은 얼마나 될까. 비즈니스의 능력이 뛰어나고, 윗자리에 있는 사람이라도 막상 여러 사람 앞에서 말을 하게 되면 "저는 말재간이 없어서…" 하고 꽁무니를 빼는 사람이 의외로 많다.

커뮤니케이션의 좋고 나쁨에 따라 비즈니스를 좌우하는 현대 사회에서는 대화의 능력은 지위의 높고 낮음에 관계없이, 모든 비즈니스맨이 지녀야 할 능력이 되고 말았다. 이제 말재주가 있고 상대방의 말을 잘 들을 줄도 아는 비즈니스맨이 모든 기업 활동의 주역을 맡는 시대가 된 것이다.

경영자나 관리자나 일반 사원도 대화 없이는 일을 해나갈 수 없다. 말재주도 없고 남의 말을 들을 줄도 모르면 일이 제대로 이루어지지 않는다.

나는 말재주도 없고 말의 수완도 없다고 꽁무니를 빼는 사람은 유능한 비즈니스맨이 되기 위한 제1의 조건으로 말을 익숙하게 잘할 수 있도록 노력을 기울여야 할 것이다.

▶ 서툰 말을 극복하는 방법

말이라는 것은 음성과 언어로 이루어져 있다. 따라서 발성을 할 수 없는 벙어리나 언어를 모르는 갓난아기 외에는 누구나 다 말을 할 수 있다.

그런데 말솜씨가 없는 사람은 공개 석상에서 어떤 일정한 법칙이나 체계를 세워 말을 하려고 하면 말문이 막혀버리고 만다.

"저는 말솜씨가 없어서…" 하며 말하기를 꺼려하거나 그런 자리에 나서기를 싫어하는 경향이 많다. 그리고 말을 잘한다고 하면 곧 단순한 화술만을 생각하여 텔레비전이나 라디오의 사회자처럼 거침없이 술술 말하거나 남을 즐겁게 웃기는 일이라고 생각하기 쉽다. 분명히 그렇게 할 수 있으면 더 바랄 것은 없다. 그러나 말이란 자기의 의사를 상대방에게 올바르게 전달하는 일이 목적이다. 그러므로 자기의 뜻을 올바르게 전달할 수만 있다면 유창하게 말하거나 남을 웃기지 않아도 목적을 이룰 수 있다. 자기가 마음속에 생각하고 있는 일이나 느끼고 있는 일을 말로 정확하게 전달만 하면 되는 것이다.

'침묵은 금, 웅변은 은'이라든가 '입이 모든 화의 근원'이라고 하지만 오늘날에는 필요할 때 필요한 말을 하는 것이 금이라 할 수 있다. 자기 의사를 말로 올바르게 표현한다는 것은 현대인에게 있어서 가장 소중한 금 이상의 능력인 것이다.

그렇다면 어떻게 해야 말을 잘할 수 있을까? 한마디로 말하면 배우기보다 익숙해져야 한다. 말솜씨의 좋고 나쁨은 선천적인 것도 있지만 그것이 전부는 아니다. 말재주가 없는 사람도 노력과 경험에 의해 말을 잘하는 사람이 될 수 있다. 말을 잘하지 못하는 것은 말할 기회를 자주 갖지 않아서 그럴 수도 있다. 말하는 데 서툴렀으나 노력에 의해 유명한 연설가가 된 사람의 말을 들어보자.

"경험을 쌓아라. 계속해서 노력을 해라. 아무리 훌륭한 연설가라도 태어나면서부터 잘 한 것은 아니다. 또 될 수 있는 한 많은 기회를 만들어 명사들의 훌륭한 연설을 듣고 그 말과 태도를 배워라. 항상 독서를 열심히 하되 대강대강 읽어서는 안 된다."

그리고 말하는 습관을 들인다. 즉 말할 때에 자진하여 말하는 것이 말을 잘하게 되는 첫째 비결이다. 그러나 덮어놓고 경험을 쌓으면 되는 것이 아니라, 목표를 세워 말하는 방법을 연구하고 경험을 쌓아가는 일이 중요하다. 말하는 법도 다른 비즈니스의 능력과 마찬가지로 연구하고 노력해야 향상되기 때문이다.

▶ 말을 능숙하게 하는 열 가지 조건

다음 장에서 구체적인 화술법을 말하겠지만, 우선 말을 잘하기 위한 필수조건을 열 가지만 들어보기로 한다.

(1) 내용이 뚜렷해야 한다

이야기의 요점이 뚜렷하지 않으면 무슨 목적으로 말을 하고 있는지 듣는 쪽에서 전혀 알 수 없다. 앞뒤는 생략하더라도 이야기의 뚜렷한 요점은 반드시 밝혀야 한다.

(2) 이야기의 순서가 정연해야 한다

이야기 순서가 잘 짜여져 있어야 한다. 결과를 먼저 말하거나, 또는 도중에서 그때까지의 경과를 말하거나 그 일에 대한 자기 생각을 말하면 이야기가 혼동되고 만다.

(3) 같은 말을 자주 되풀이하지 않는다

같은 말을 두 번 세 번 계속해서 되풀이하는 것은 이야기의 준비와 짜임이 제대로 되어 있지 않다는 것만을 드러내는 셈이다.

(4) 천천히 정중하게 말해야 한다

듣는 사람이 충분히 생각해가며 들을 수 있도록 말하는 것이 중요하다. 만일 알아들을 수 없을 정도로 빠르게 말한다면 듣는 사람이 잘 들을 수 없을 뿐만 아니라 무슨 뜻인지도 알기 어렵다.

(5) 구실을 붙인 이야기는 하지 말아야 한다

어떤 때라도 확실치 않은 이야기나 구실을 붙인 이야기를 하면 안 된다. 그런 이야기는 활기가 없고, 듣는 사람은 졸음이 오게 된다. 서투른 이야기라도 좋으니, 자신 있게 말해야 한다.

(6) 부정확한 말이나 발음은 피한다

부정확한 말을 쓰거나 부정확한 발음을 하는 것은 말을 할 줄 모르는 사람이 하는 짓으로, 말하는 사람이 능력과 교양이 없다는 것을 드러내는 셈이 된다.

(7) 상대방에게 맞는 말을 쓴다

상사나 선배에게 말할 경우와 여자에게 말할 경우에는 각기 상대방에게 맞는 말을 쓸 것이며, 특히 부자연스러워지지 않도록 조심해야 한다.

(8) 자기 개성에 맞춰서 말을 해야 한다

말을 할 때 말을 잘하는 사람을 흉내내어 똑같이 말할 필요는 없다. 자기 개성에 맞게, 자기 나름대로의 방법으로 말하는 편이 훨씬 자연스러우며 상대방에게도 호감을 주게 된다.

(9) 복장, 태도에 신경을 써야 한다

듣는 사람은 항상 말하는 사람의 복장과 태도를 보며 듣고 있다. 웃는 얼굴로, 예의 바르게, 단정한 옷차림을 하고 말하는 것이 원칙이다. 즉 예절을 지켜 말해야 한다.

(10) 열의 있게 성의껏 말해야 한다

아무리 능숙하게 화술을 구사하더라도 불성실한 마음으로 말하면 상대방은 진심으로 들어주지 않는다. 말하는 사람의 열의가 상대방을 움직이게 한다는 것을 생각하고 성의껏 말해야 한다.

나의 화술중에 고쳐야 할 것들

경험을 쌓아라. 계속해서 노력을 해라. 아무리 훌륭한 연설가라도 태어나면서부터 잘 한 것은 아니다. 또 될 수 있는 한 많은 기회를 만들어 명사들의 훌륭한 연설을 듣고 그 말과 태도를 배워라. 항상 독서를 열심히 하되 대강대강 읽어서는 안 된다.

11

직장에서의
성공적인 화술 ①

불리하다고 생각되면 자기 주장만 내세우는 타입의 젊은이를 일명 잘난 바보라고 한다. 나서지 않아도 될 일에는 공연히 참견하고 정작 나서야 할 일에는 외면하는 것을 말한다. 그러나 어리숙해 보이면서 똑똑한 타입도 있다. 평소 자질구레한 일에는 별 관심을 보이지 않지만 중요한 일이 있으면 열심히 일을 처리하는 타입이다. 후자가 곧 승자임을 알아야 한다.

11. 직장에서의 성공적인 화술-①

▶ 먼저 선수를 쳐라

상사는 대체적으로 유능하지만 동시에 거의 모두가 제멋대로라고 생각하면 된다. 과거에 여러 가지 경험을 하고 힘겨운 일도 그런 대로 해결을 하여 업무상 상당한 성과를 올렸으니 만큼, 자부심이 대단하고 따라서 자칫 자기 중심적이 되기 쉽다.

이러한 상사에 대해 부하 직원은 언제나 선수를 치는 일이 필요하다. 선수를 친다는 것은, 예컨대 일이 주어졌을 때 그 경과나 결과를 독촉 당하기 전에 재빨리 보고하는 것이다.

"이봐, 그 건은 그 뒤에 어떻게 됐지?"

"아 네, 곧 조사해서 나중에…"

이렇게 되면 상사한테 일을 게을리 하는 사람으로 인식될 수가 있다.

"부장님, 지금 잠깐 시간 있으십니까? 실은 A상사 건에 대해 보고할 일이 있습니다만.", "현재 상황은 이상과 같습니다만 윤곽이 드러나려면 일주일은 걸릴 겁니다. 상세한 자료는 여기 있으니까 검토해주십시오."

이렇게 하면 '일 좀 하는 사람이다' 라고 평가한다. 비즈니스맨은 효율을 중시하는 세계에 사는 것이니 그 원칙에서 벗어나면 안 된다. 그러므로 재빨리 일을 처리하지 않으면 일에 쫓기고 만다.

C은행의 뉴욕 지점장 K씨가 사업계의 거두 M씨의 여정을 위하여 뉴욕 안내를 자청하고 나선 일이 있었다. 재기 발랄하고 머리 회전이 빠르기로 유명한 M씨를 안내하는 부담이 너무 커서 아무도 안내역을 맡겠다는 자가 없었던 것이다.

K씨가 신문 크기의 안내 계획서를 M씨에게 제시하였을 때 M씨는 마음속으로 혀를 내두르며 놀랐다. 흔히 있는 그런 안내 계획서가 아니었다. 보통 구경거리도 다섯 가지로 계획이 짜여져 있었다. 어디서 보내는 시간이 몇 분, 어디서 어디까지 걸리는 시간이 몇 분이라고 세세히 기록되어 있었다. 비가 올 경우의 코스와 화창할 경우의 코스는 서로 달랐다. 명승지 관람 때와는 달리 각종 견학 코스는 또 몇 가지로 계획이 짜여져 전력, 철도, 전원도시, 극장 영화 관계 등의 경우로 나뉘어져 있었는데, 그 모두가 M씨의 사업과 관계가 있었던 것이다. 더욱이 시간이 많이 소요되는 곳을 위해 다른 곳에서 시간을 뺀다거나 도중에 비가 올 경우는 코스를 이렇게 변경한다는 식으로 그야말로 상세하고도 면밀하게 계획을 짜놓았던 것이다.

M씨도 나름대로 계획을 구상했으나 K씨의 것과 비교하면 어림도 없었다.

"자네, 이토록 애써주어서 고맙네. 전부를 자네한테 맡기지. 잘 부탁하네."

합리주의자인 M씨는 이 지극한 정성이 몹시 기뻤던 것이다.

1년이 넘은 뒤 K씨가 본국으로 돌아오니 M씨가 마련해놓은 중역 자리가 그를 기다리고 있었다. 상사는 모두가 유능하니 만큼 부하에게도 자칫 그 유능함을 요구하기 쉽다. 그러므로 평범하고 게으르면 상사에게 혐오감을 줄지 모른다. 원하는 바를 알아차리지 못하면 화를 낸다. 제멋대로라고 할 수 있지만 그 점을 생각하여 먼저 선수를 쳐야 한다.

성급한 상사에게는 요점만 설명하라

상사는 대개 성급하다고 생각하면 된다. 간혹 태평스러운 사람도 있으나 커다란 아량을 갖지 않았다면 무기력한 사람일 것이 틀림없다.

성급한 것은 일이 많기 때문이다. 계속 일이 밀려든다. 계획대로 가면 좋지만 그렇지 못한 경우도 있고 때로는 뜻밖의 일이 갑자기 생긴다. 그것을 처리하려면 빠른 두뇌 회전과 생동감이 요구된다. 어떤 회사를 보나 일을 가장 많이 안고 있는 것은 중견 간부 아니면 관리직이다. 그 회사의 가치는 대략 간부의 행동이나 말로써 판단이 된다. 생동감 있게 움직이느냐 아니면 꾸물거리느냐에 따라 회사에 대한 판단을 내리기도 한다.

업무에 쫓겨 일을 처리해야 할 상황에 있는 상사에게 긴 설명은 금물이다. 부하는 자기가 맡은 일 하나가 전부일지 모르나 상사에게 그것은 일부분인 것이다. 그러므로 부분적인 일 때문에 전체 업무의 조화가 깨어져서는 큰일이다. 그것이 상사의 입장이라는 것을 부하는 충분히 이해해야 한다. 그렇게 생각하면 설득법도 자연적으로 깨닫게 되리라.

우선 보고나 설명을 할 때 요점만을 말하면 된다. 그리고 자기 의견을 보탠 결론을 단적으로 내릴 일이다. 그러기 위해서는 생각나는 대로 말하는 것이 아니라 보고할 내용을 조목별로 정리하여 머릿속에 새겨두는 정도의 준비가 있어야 한다.

경우에 따라서 도표를 만들면 상대방이 쉽게 이해할 수 있다. '이것을 보십시오' 하고 상대방의 반응을 기다린다.

"이건 뭐지?" 하고 의문점에 대한 설명을 구하면 그 도표를 보완해야 할 점을 철저하게 설명한다. 경우에 따라서는 결론은 보류하고 요점 설명만으로 그쳤다가 "자네는 여기에 대해 어떤 의견인가?"라고 물어왔을 때에 "저로서는 …"하고 비로소 결론을 말한다. 어쨌든 상사의 시간을 아껴주고 자기 일로 인하여 상대방의 시간을 너무 허비하지 않도록 한다. 꼭 필요한 일에만 시간을 잡고 나머지는 상사가 시간이 걸려도 좋다는 태도로 나왔을 때 그 시간을 내가 좀 갖겠다는 자세를 취하면 상대방을 분주하게 만들지는 않는다.

성급한 상사가 화났을 때는 덩달아 화낼 필요는 없다. 안됐다고 생각할 일이다. 일이 쉽게 해결되지 않아 공연히 눈앞의 상대에게 화를 내는 것이다. 그런 때 '당치도 않은 소릴…' 하고 토라지지 말고 '고심하고 있는 모양이구나' 라고 동정하는 것이 인간답다. 상사는 신도 부처도 아니다. 이치도 들어맞지 않는 일로 화를 낼 때도 있다. 욕먹을 원인이 이쪽에 있다면 하는 수 없지만 원인이 이쪽에 있지 않은데 욕먹는 것은 차라리 마음이 편할 터이다. 까닭도 없이 책망을 들었을 때는 가벼운 마음으로 "죄송합니다" 하고 정중하게 머리를 숙이면 된다. 상사가 냉정을 되찾으면 "아니 아까는 미안했어, 그만 화가 나서…"라고 사과투로 나올 것이다. 입밖에 내어 말하지 않더라도 다음 태도에 나타난다. 자기의 억지를 다소곳이 받아준 부하를 밉게 생각할 리 없다. 이런 것도 하나의 설득 방법이다.

▶ 상사의 기분에 공감한다

행동적인 사람은 자기를 드러내고 싶어하는 욕망이 강한 법이다. 그렇기 때문에 상사가 될 수 있다고 말할 수 있을지 모르겠다. 경영자를 포함하여 그와 같은 사람이 큰 권한을 갖고 윗자리에 앉게 되면 공연히 우쭐대며 자랑하고 싶어질 것이다.

상사 중에는 이런 형의 사람도 있을 터인데 생각하기에 따라서는 이것도 치기가 있어 재미있다. 어른도 따지자면 아이를 크게 만든 것뿐이니 실컷 자랑하게 내버려두라.

K상사가 이런 형으로 가끔 으스대는 사나이였다. M중사는 그것을 충분히 이해하고 있었다. 야외 훈련에서 돌아와 해산하기 전에 M중사는 분대원을 향해 "K상사님께 경례" 하고 외쳤다. K상사는 약간 놀라며 "괜찮아, 괜찮아" 하면서 손을 들어 그만두게 하였다. M중사는 K상사보다 나이가 많다. 그리고 같은 소집병이다. K상사가 해산을 명하면 M중사는 분대원을 향해 해산이라고 하면 그것으로 족하다. 그런데

굳이 M중사는 "K상사님께 경례" 하고 큰소리로 호령하였다. K상사는 그것에 대하여 거수로 답례했다. M중사는 "해산합니다"라고 말한 뒤 분대원을 향하여 "수고했다, 해산"이라고 했다.

K상사는 여러 사람 앞에서 "K상사님께 경례" 하고 말해준 M중사에게 몹시 친근감을 느끼고 훈련 이외의 내무반 일에 있어서는 모두 중사의 의견에 따랐다.

사람 앞에서 뻐기고 싶어하는 상사라고 판단하였으면 저쪽에서 이쪽을 내려다보는 태도로 나오기 전에 이쪽에서 적극적으로 상대를 높여주면 된다.

새로 산 고급시계를 자랑하고 싶어서 10분 간격으로 일부러 팔뚝을 내미는 계장에게 "계장님, 사모님이 그리워지셨습니까?" 하고 묻는다.

"농담 말아, 아직 초저녁이다."

"아, 이제 보니 멋진 고급시계를 차셨군요. 정말 좋은데요."

"음, 이거 아주 고급이지. 근데 자네 것은 별로 좋아 보이지 않는군."

이런 때도 어디 두고 보자는 식으로 생각하지 말고 "나도 저런 시계를 찰 만한 신분이면 좋겠는데."라고 말해둘 일이다.

상대가 그것으로 기분이 좋아진다면 다 그만두고 받들어 올려라. 그것이 설득의 기술이다.

▶ 상사의 이야기는 허실이 많다

인생 체험이나 사업 체험이 풍부한 상사는 이야기할 만한 지식을 산더미만큼 가지고 있다. 그러므로 좋은 청취자를 반기는 것이다. 가장 정다운 자기 집에서 이야기하면 되지 않느냐고 생각하겠지만, 막상 그렇게 하지 않는 것은 시간이 없기 때문만은 아니다. 가정이라는 데서는 주인을 좀처럼 존경하지 않으니까 보람을 느끼지 못하는 것이다.

"지나치게 아는 것은 존경하지 않는다."

이 말은 프랑스 대통령 드골이 곧잘 하던 말이지만 확실히 사회에 나가서는 훌륭한 경영자이고 당당한 상사일지라도 일단 집에 돌아오면 아빠이고 남편이므로 지나치게 친숙하여 주인으로서의 권위는 좀처럼 인정받지 못한다.

그러나 어떤 경우에도 예외란 있어 말이 적은 사람도 있다. 그러나 말할 이야깃거리가 없어서 입을 열지 않는 것은 아니다. 이야기하기에 충분한 내용을 남에게 뒤떨어지지 않을 만큼 갖고 있으나 이야기하기가 귀찮은 것이다. 또 이야기할 시간이 있으면 일을 그만큼 더 한다는 사고방식을 가진 사람이다.

수다스런 사람이거나 말이 없는 사람이거나 간에 지위가 높은 사람은 부하나 손아랫사람의 이야기는 별로 듣고 싶어하지 않는 공통점이 있다. 그렇게 되면 부하를 상대로 지껄여주는 상사가 차라리 고맙다. 말도 없이 고개를 숙이고 눈을 치켜 뜨고 있으면 상사가 무엇을 생각하고 있는지 알지 못하여 공연히 송구스러운 마음이 들기 때문이다.

약간의 예외를 제외하면 상사는 부하에 대해 말이 많다는 것을 알아둘 필요가 있다. 도도하게 웅변을 토하므로 수첩을 꺼냈더니 "쓰지 말고 이야기를 잘 듣고 머리에 새겨두라"고 사장의 꾸중을 들은 사람도 있다. 가르치고 싶어하는 것이다. 이런 사람이 이야기를 시작하면 다 그만두고서라도 귀를 기울일 일이다. 이야기해도 소용없는 상대라고 판단하면 그야말로 절대로 입을 열지 않는 것이 이 세상 상사들이다. 이야기하는 것은 이야기를 알아듣는 인간이라고 생각하고 이야기하는 것이니 감사한 마음으로 듣지 않으면 손해이다. 상사의 이야기는 반드시 참고가 되며 견문을 넓히는 데 다시없는 좋은 기회이다.

"수재는 삼나무 같은 것이다. 가늘게 높게 자라지만 태풍이 몰아치면 단번에 쓰러질 우려가 있다. 머리는 좋지만 그것만으로 세상을 살아갈 수는 없다."

"회사는 세습제도로는 안 돼. 성장하기까지는 그것으로도 족하지만, 성장하면 제도를 바꾸지 않으면 안 된다."

"인간을 만드는 것이 첫째이다. 폭이 있는 인간을."

이런 이야기를 선 자리에서 숨도 쉬지 않고 해준 사장이 있었다. 잘 듣고 잊어버리기 전에 즉시 메모할 일이다. 좋은 얘기라면 괜찮지만 별것도 아닌 객담만 늘어놓는 것이라면, 자기가 상사가 되었을 때는 그런 이야기는 절대 하지 않겠다고 결심할 일이다. 듣는 것도 상대방을 기쁘게 해주는 설득력의 하나이다.

▶ 상사의 짐을 대신 짊어진다

신뢰하고 있던 상사가 어느 날 갑자기 사람이 변한 것처럼 책임을 회피하는 일이 있다. 본인도 일부러 그러는 것은 아니겠으나 이것저것 일을 끌어들여 책임이 과중해지자 끝내는 부하에게 책임을 지워 자기 짐을 가볍게 하려고 교활하게 서두는 일도 있다.

상사가 책임을 회피하려고 하면 책임은 바로 부하에게 돌아온다. 상사로서도 힘에 겨운데 부하에게 까다로운 일이 돌아오게 되면 누구나 '쳇, 재수 없게시리'라고 생각할 것이다. 그러나 여기서 마음을 잘 써야 한다. 이를 계기로 상사를 돕겠다고 너그럽게 생각하면 훨씬 마음은 편안해진다. 상사도 무리라는 것은 알고 있다. 그러므로 맡기기는 하였지만 마음을 쓰고 있는 것이다.

그럴 때는 쓰다 달다 생각할 것 없이 간단 명료하게 "알겠습니다, 해보겠습니다."라고 말하는 편이 사나이답고 믿음직스럽다. 그런 뒤에 그 일을 처리하기 위해 "어떤 주의가 필요한지 가르쳐주십시오." 하고 분명하게 물어야 한다. 상사는 틀림없이 친절하게 지시하고 힘을 보태주는 부하에게 마음속으로 감사하면서 안도의 숨을 몰아쉴 것이다. 상사에게 빚을 지워두는 일은 긴 회사 생활에서 할 만한 일이다.

대체로 좋아하는 일은 하지 말라고 해도 하는 법이지만 정말 능력을 가늠해볼 마음이면 이런 때에 과감하게 떠맡고 나서라. 부득이하게 하지 않으면 안 되는 일이라면 싫은 빛을 띠지 말고 '자, 올테면 오너라' 하는 자세로 받아들일 일이다.

이와 같은 일이 계기가 되어 앞으로 뻗어나갈 하나의 기회가 될 수도 있다. 이때 꽁무니를 빼어 기회를 잃으면 다시 그런 대역이 돌아오려면 몇 년 걸릴지 모른다. 할 수 있는 데까지 한다는 기백으로 덤벼든 자가 그 역을 소화했을 때, '좋아, 그런 대역은 앞으로도 그에게 시키기로 하자'는 평가를 받게 되며 상사의 인정을 받는 계기도 된다.

상사에게도 눈은 있다. 설령 자기가 몸을 사리고 부하에게 일을 내맡겼을지라도 그 일을 해내지 못하면 결국은 자기가 불리해진다. 맡기는 이상은 '그 사람이라면 어쩌면 해낼 거다' 라는 기대와 신뢰감이 있기 때문이다. 처음부터 가망성 없는 부하에게 시킬 까닭이 없다.

일의 해결 방법은 우선 깊이 생각하고 몇 가지 방법을 고안하여 비교적 쉽다고 생각하는 것부터 시작하여 곤란한 것은 뒤로 돌리고 다시 그것을 분석하여 마지막으로 곤란한 일을 풀어나간다. 하고 보면 그다지 힘들지 않은 일이 90%이고 나머지 10%에만 힘을 기울이면 된다는 것을 알게 된다. 그리고 '뭐 이까짓 거 아무것도 아니다' 라고 덮어놓고 일에 뛰어들어야 한다.

이와 같은 기회를 결단코 놓쳐서는 안 된다. 상사가 떠맡긴 어려운 문제는 다시없는 기회이고 운이 트일 징조가 된다. 자기의 운은 자기가 시험해야 한다. 상사의 짐을 대신 짊어지는 일은 무한한 설득력이 되어 상사에 대한 발언력을 증대시켜준다.

▶ 적극적인 마음을 만드는 화술

부하 직원을 움직이게 하는 방법에는 설득과 명령이 있다. 명령은 강제력을 지니고 있다. 따라서 명령을 받은 자는 그 일을 하고 싶다든가 하기 싫다든가 하는 선택의 여지가 전혀 없다. 부하 직원은 명령을 받았으면 반드시 그 일을 해야만 한다. 거기서 문제가 되는 것은 부하 직원이 그 명령을 적극적으로 받아들이느냐 받아들이지 않느냐는 것이다. 만일 부하 직원이 하려는 마음이 우러나올 경우에는 당연히 일은 능률이 오르고 문제없이 진행되지만, 마지못해 하면 결과도 좋지 않고 능률도 오르지 않는다. 가장 중요한 일은 부하가 스스로 하고자 하는 마음을 갖게 하는 일이다.

그러기 위해서는 평소에 윗사람과 부하 사이에 좋은 인간관계가 유지되어야 한다. 부하 직원이 상사를 진심으로 존경하고 믿고 있으면 그 상사를 위해 온힘을 다 기울일 것이다. 반대로 부하가 상사에게 반발심을 가지고 있으면 명령한 일을 억지로 하면서 정성을 기울이지 않을 것이다. 명령을 기분 좋게 적극적으로 수행하느냐의 여부에 대한 첫 번째 조건은 바로 상하의 인간관계이다.

명령을 할 때 말하는 기술도 매우 중요하다. 명령을 하는 방법에는 다음과 같이 여러 가지 형이 있다.

"××씨, 이 일을 이런 식으로 해주게."

먼저 일방적으로 명령을 내리는 방법도 있고

"××씨, 자네는 언제나 좋은 아이디어를 내주는

군. 그러니 이 일을 자네가 해줬으면 하는데 어떻게 하면 좋을 것 같은가?"

하고 질문하여 상대방의 의사를 말하게 하는 방법도 있다.

후자의 방법을 '질문 방법'이라고 한다. "명령이란 질문하는 일이다."라고 말하듯, 일반적으로 부하에게 적극성을 일으키게 하려면 이 방법을 사용하면 된다고 하지만, 역시 명령의 내용이나 명령을 받는 상대에 따라 구분해서 써야 할 것이다.

그러므로 평소에 상사는 부하 직원의 성격이나 능력을 잘 알아두었다가 부하 직원이 자진해서 할 수 있게끔 명령을 하는 방법을 연구해야 할 것이다.

명령을 할 때는 문서로 하는 법과 말로 하는 법이 있다. 문서로 하는 법이 나중에 확인을 위해서도 확실하지만, 보통 일상 업무에서는 명령의 대부분이 말로 이루어지고 있다.

짧은 시간 안에 할 수 있고 일의 내용이 간단한 경우, 전에도 시킨 일이 있는 일일 경우, 잘못 된다 해도 그다지 중대한 사태가 벌어지지 않을 경우, 시급을 요할 때, 명령을 받는 자의 수가 적을 경우 등은 대부분 말로 한다.

이처럼 일상 업무가 구두 명령에 의해 처리되고 있다는 것을 생각하면, 부하 직원을 거느린 사람들은 항상 직장의 인간관계를 두텁게 하고, 대화를 원활히 함과 동시에 훌륭한 명령을 하는 기술을 몸에 익혀 두어야 한다.

▶ 남의 의견을 존중한다

부하 직원은 상사가 자기 말을 잘 듣고 있다고 느끼면 저절로 만족감과 자신감을 갖게 되며 상사에 대한 친근감과 신뢰감을 갖게 된다.

"자네는 상당히 좋은 의견을 말해주었네. 과장도 정말 좋은 안이라고 감탄했었네."

사소한 의견이라도 이렇게 칭찬 받고 그 의견이 받아들여지면 부하 직원은 몹시 기뻐할 것이며, 또한 우월감을 지니고 일하는 보람을 느끼게 될 것이다.

상사는 부하 직원이 비록 괴로운 사정을 늘어놓는다 하더라도 진지한 태도로 귀를 기울일 필요가 있다. 어떤 때는 잡담일지도 모르고, 어떤 때는 뛰어난 제안일지도

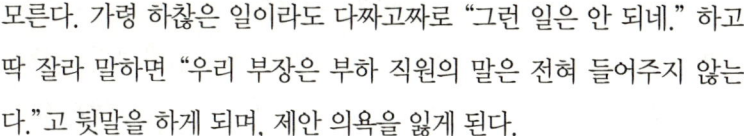

모른다. 가령 하찮은 일이라도 다짜고짜로 "그런 일은 안 되네." 하고 딱 잘라 말하면 "우리 부장은 부하 직원의 말은 전혀 들어주지 않는다."고 뒷말을 하게 되며, 제안 의욕을 잃게 된다.

"자네가 무슨 말을 하려고 하는지 듣지 않아도 알고 있네."

"잘 알았네. 그 다음은 나에게 맡기게."

이런 발언은 상사로서는 절대로 삼가야 한다.

물론 부하 직원의 의견을 듣기만 할 것이 아니라 계속 실행에 옮기도록 노력할 필요가 있다. 듣기만 하고 이유도 없이 실행에 옮기지 않으면 의견을 존중해줄 의사가 없는 것으로 알고 일할 의욕이 저하된다. 일반적으로 말해, 부하 직원의 발언에 귀를 기울임으로써 다음과

같은 효과를 거둘 수 있다.

(1) 부하 직원의 호감을 산다

사람은 누구나 들어주기를 원하기 때문에 말하는 것이다. 그러므로 자기 이야기를 들어준 사람에 대해서는 특별히 친근감을 갖게 된다. 부하가 호의를 갖는 상사가 되려면 부하 직원의 말을 잘 들어야 한다.

(2) 부하 직원에게 삶의 보람을 느끼게 한다

사무가 기계화되어 일이 단순화되면 오히려 거기서 고독과 불안감이 생긴다. 이런 때 상사와 부하 직원 사이에 대화를 갖는다는 것은 서로 인간다움을 느끼게 하는 것이다. 잘못이나 실패를 한 다음에야 "그런 일이 있었으면 한마디 해주지 그랬나."라든가, "미리 털어놓았으면 의논 상대가 되어주었을 텐데." 하는 일이 없도록 사전에 대화를 갖는 일이 중요하다.

(3) 부하 직원으로부터 정보를 얻을 수 있다

직장에서의 이야기는 그것이 잡담이라 해도 역시 일에 대한 이야기와 관련되어 있다. 부하 직원의 이야기에 귀를 기울인다는 것은 일에 대한 여러 가지 정보를 얻는 데에도 도움이 될 것이다.

사생활도 화술의 좋은 동반자다

이른바 문제 사원에도 여러 가지 형이 있고, 그들이 문제 사원이 되는 원인도 극히 다양하다. 기업의 조직이나 인간관계에 영향을 미치는 일은 앞서도 말했지만 개인적인 사정이 원인이 되는 수도 의외로 많다.

가령 이성 문제라든가 금전 문제 등 사생활의 문제는 직장에까지 연장되기 쉽고, 일을 하는데 그 영향이 미치게 된다. 상사로서는 늘 부하 직원의 사생활에 마음을 쓰고, 만일 무슨 일이 일어날 것 같을 때는 늦기 전에 적극적으로 사생활의 상담역이 되어 문제의 원인을 제거하도록 해야 한다.

그러나 상사가 아무리 세밀하게 마음을 쓰고 있다 해도 부하 직원의 사생활에 직접적으로 관여할 수는 없는 것이다. 그러므로 부하 직원이 자진하여 자기 괴로움을 털어놓게끔 할 수 있는 믿음직한 상사가 되어야 한다. 그러려면 언제나 부하 직원과 친근하게 지내며 의논하기 쉬운 상사라는 인상을 주고, 또한 그런 분위기를 만들도록 해야 한다.

부하 중에는 가정 문제나 금전 문제, 또는 이성 문제 등 개인적인 문제로 괴로워하는 자가 많다. 그러므로 그들은 개인적인 상담역으로서, 상사가 윗사람된 입장에서 조언해주길 늘 바라고 있다. 그러므로 부하로부터 상담을 받았을 때 특히 개인적인 문제일 경우는 다음과 같은 점에 주의해야 한다.

(1) 비밀은 절대로 지킬 것

누구든지 개인적인 고민이나 곤란을 남에게 알리고 싶어하지 않는다. 비밀은 절대로 지킬 것을 약속하고 안심시키는 동시에 반드시 실행한다.

(2) 진지하게 들어줄 것

어떤 사소한 일이라도 본인에게는 중대한 일이므로 진지하게 들어주어야지 건성으로 들어서는 안 된다.

(3) 조언이 일방적이어서는 안 된다

조언을 할 때는 부하 직원이 하는 말을 잘 듣고 서로 잘 의논하여 납득할 수 있는 해결안을 찾아낸다. 자기 의견을 일방적으로 강요하는 일은 삼가야 한다.

▶ 남에게 실례의 말을 삼가라

"대화란 듣는 일이다."라든가 "상사란 듣는 역할을 하는 사람이다."라는 말에 대하여 앞서도 말한 바 있지만, 애써 부하의 아이디어 제안에 귀를 기울이면서도 아무 생각 없이 한 말이 상대방의 제안을 무시하는 말이 될 때가 있다. 기업의 경영자나 관리자는 늘 부하의 창의력을 신장해줄 의무가 있는 것이므로, 다음과 같이 묵살하는 말은 되도록 쓰지 말자.

"안 돼, 해보지 않아도 뻔한 일이야."

"그런 일은 지금까지 해본 일이 없네."

"13년이나 계속되었다는 것은 지금 쓰고 있는 방법이 좋다는 뜻이 아닐까?"

"그것을 실행하려면 특별 위원회의 허가가 있어야 하네."

"좋은 제안이네만, 실행하려면 문제가 있네."

"거기 해당되는 규정이 없네. 자칫하다 사규에 위배될지도 모르네."

"그것은 비용이 너무 많이 들 뿐 아니라 현재의 설비가 쓸모 없게 되지 않을까?"

"만일 정말 좋은 일이라면 벌써 누군가가 해보았을 걸세."

"자네는 회사나 내 방침을 충분히 이해하고 있는 것 같지 않군."

"동업자의 웃음거리가 될 뿐일세."

"고객에 대한 일도 생각해보았나?"

"이미 많은 제안이 들어와 있네."

"이론으로는 그럴 듯하네만… 예산과 설비 면에서 어떨까?"

"그런 일에 시간을 빼앗길 순 없네."

다음으로 관리자가 알아둘 일은, 자기 자신을 무시해버리는 말을 하지 말라는 것이다. 상사나 부하와의 대화에 있어서 다음과 같은 생각이 드는 일이 있으면, 재빨리 이런 생각들을 버리고 자신을 가지고 대화에 임해야 한다.

"회사의 방침에 위배될지도 모른다."

"시기로 보아 적당치 않을지도 모른다."

"사장에게 어떻게 평가될까?"

"혹시 웃음거리가 되지 않을까?"

"예산을 얻을 수 있을지의 여부를 나는 알 수 없다."

"이런 일을 지시하면 그들은 틀림없이 반대할 것이다."

"다른 과에서 벌써 해버리지 않았을까?"

"이런 회답으로 부하 직원들이 납득할까?

12

직장에서의 성공적인 화술 ②

대체로 좋아하는 일은 하지 말라고 해도 하는 법이지만 진정 솜씨를 가늠해볼 마음이면 과감하게 떠맡고 나서라. 이와 같은 일이 계기가 되어 앞으로 뻗어나갈 하나의 기회가 될 수도 있다. 이때 꽁무니를 빼어 기회를 잃으면 다시 이러한 기회가 돌아오려면 몇 년 혹은 몇십 년이 걸릴지 모르므로 업무의 쉽고 어려움을 가리지 말아야 한다.

12. 직장에서의 성공적인 화술-②

▶▶ 들어주는 것도 화술이다

부하 직원의 이야기나 보고는 자칫 길어지기 쉽다. 더욱이 한창 바쁜데 되풀이하여 말하게 되면 상사는 견디지 못한다. 그러므로 덮어놓고 들으려고 하지 않는다.

"지금 바빠, 나중에 하지.", "뭘 말하려는지 도무지 요령부득 아냐.", "장황해, 자네가 할 얘기는 듣지 않아도 알고 있어." 등, 내키지 않아 부하 직원의 말을 중단시켜버리면 부하 직원은 두 번 다시 말을 걸어오지 않는다. "어차피 이쪽 얘기는 들어주지도 않으니까."라는 마음이 들게 해서는 아랫사람의 뜻이 전해지는 길은 막혀 버린다.

어느 이름난 경영자는 말하고 있다.

"사장인 나와 부장인 자네가 전화로 통화하고 있었다고 하자. 그때 자네 부하 직원이 무슨 얘기를 하러 왔다. 그래서 지금 사장하고 얘기하고 있으니까, 하고 부하 직원의 얘기를 들어주지 않으면 안 된다. '사장님, 잠깐만요. 지금 부하 직원이 얘기하려 왔어요'라고 내 쪽을 뒤로 돌려도 좋으니까 부하 직원의 얘기를 들어주게."

이 정도 훌륭한 경영자는 좀처럼 없겠지만, 그만큼 부하 직원의 의견은 중요한 것이다. 자기 마음에 들지 않는다고 거절하는 것은 현명한 일이 아니다.

우선 "지금 나 좀 바쁘다. 자네 얘기는 시간이 걸리더라도 꼭 좀 듣고 싶다. 오후 5시 반에 내게로 오게나." 하고 일단 부하 직원을 돌려보낸 다음, 약속한 대로 오후 5시 반부터는 몇 시간이라도 들어줄 일이다.

부하 직원은 생각이 떠오르는 대로 차근차근 이야기할 것이다. 지루하더라도 한번은 들어주는 것이 좋다. 한 시간쯤 지났다고 하자.

"음, 알았네. 지금 자네 이야기를 듣고서 요점을 체크해놓았네. 맨 처음에 말한 것은 ○○에 대한 것, 다음은 ××건, 셋째는 △△의 일, 마지막이 □□. 이것이 전부였다고 생각하는데 빠뜨린 것 없는가?"

"네, 그것이 전부입니다."

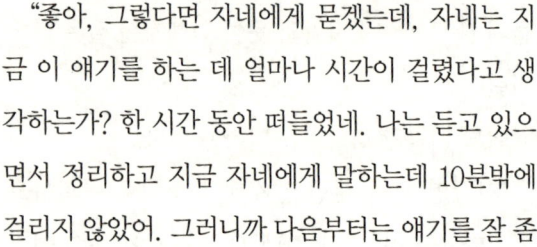

"좋아, 그렇다면 자네에게 묻겠는데, 자네는 지금 이 얘기를 하는 데 얼마나 시간이 걸렸다고 생각하는가? 한 시간 동안 떠들었네. 나는 듣고 있으면서 정리하고 지금 자네에게 말하는데 10분밖에 걸리지 않았어. 그러니까 다음부터는 얘기를 잘 좀 정리해 가지고 오게. 그렇게 하면 자네도 말하기 수월하고 이쪽도 잘 알아듣게 되지. 경우에 따라서는 도표로 제시해주면 알기 쉬우니까 여러 모로 도움이 될 것이네. 서로 시간을 허비하지 않아서 좋고…"

이러한 설득은 상대방에게 친절하고 좋은 상사라는 생각과 감사하는 마음이 일어나게 한다. 먼저 상대방의 이야기를 진지하게 들어주는 것으로 부하를 만족시키고, 다음에는 좀더 좋은 방식을 제시해줌으로써 기쁨을 안겨주기 때문이다.

누구나 가슴속에 있는 마음을 하소연하고 싶은 법이다. 직장 부하도 저마다 고민거리를 가지고 있다. 업무 이외의 것도 때로는 들어줄 일이다.

▶▶ 보아주는 것도 화술이다

1924년 아메리카의 시카고 교외에 위치한 호슨 공장에서 어떻게 하면 생산 능률을 향상시킬 수 있는가 하는 실험이 이루어졌다. 메이어 허버트 그룹이라고 불리는 교수들이 회사의 의뢰로 여러 가지 원인을 조사하고 있었던 것이다.

먼저 능률을 향상시키기 위한 조명 실험에서부터 시작하여 다음으로 작업 조건을 바꾸는 실험을 하였는데, 둘 다 실패로 돌아갔다. 그래서 세 번째 면접 실험을 행하였다.

이 실험에서 얻은 결론은 '인간은 보아주고 있을 때 잘하는 법이다' 는 것이었다. 이제까지 실험이 실패했던 것은 '보아주는 것만으로 인간은 대단히 변화하는 법이다.' 라는 점을 충분히 생각하지 않았기 때문이었다.

또 한 가지는 공장 내의 조직 이외에 개인적인 모임이 있어서 그 모임의 회원들의 관계가 근로 의욕에 커다란 영향을 미친다는 것이었다.

이 두 경우를 통해 "인간은 전깃불의 밝음 정도나 작업 조건으로 능률이 좌우되는 것이 아니라, 무시당하면 하려는 의욕을 잃어버리고 자기 동료나 친구가 어떻게 생각하고 보아주느냐가 사람들에게 있어서 보다 중요하다."라는 결론이 나와서, 근로 의욕의 향상에 가장 중요한 것은 인간관계임을 알게 되었던 것이다. 인간관계라는 말은 이 실험 이후로 쓰여지기 시작했다.

이렇게 알기 쉬운 이치를 1924년까지 몰랐다니 한심한 일이지만, 이것도 인간을 어떻게 효율적으로 일하게 하느냐는 회사측의 논리만으로 사물을 보기 때문이고, 인간 그 자체에 대한 인식을 경시한 결과일 것이다.

문제 학생의 대부분은 수재이지만 모두 고독하다는 것이 조사 결과 나와 있다. 그들의 가정은 부모가 불화하든가, 자신이 부모나 형제와 사이가 좋지 못하든가 하여 언제나 외톨이인 것이다. 사랑 받지 못한다고 제멋대로 생각하거나 믿고 있는 것이다.

직장에서도 마찬가지로 부하를 고독하게 만들어서는 안 된다. 항상 따뜻하게 지켜보고, 말을 걸고, 될 수 있으면 의견을 들어줄 일이다.

T공장장은 한 직원이 언제나 쉬는 시간에 혼자 볕을 쬐고 있다는 것을 알았다. 일은 열심히 하는 부지런한 젊은이였으나, 같은 고향 출신이 없어서 이야기할 상대가 없었다. 쓸쓸해 보였다.

"L군, 어때. 어젠 일을 많이 했던데. 잘 했어. 하지만 너무 무리하면 건강에 해로워. 무리는 하지 말아. 고무도 어느 정도 잡아당기면 늘어나지만 그 이상 힘을 주면 탁 끊어지고, 전류도 지나치게 흐르면 퓨즈가 나가지 않나. 우선은 건강이야. 급히 서두르는 것보다 정성을 들여야지. 고향이 어디야? 참 좋은 곳이군. 장기 말 산지 아냐? 장기 말 모양의 온천탕이 있고, 그리고 절이 또 유명하지. 일이 끝나거든 내게 놀러오게."

그 뒤로 L은 몰라볼 만큼 명랑해졌다. 보아주고 있다는 기쁨을 알았기 때문이다.

각자의 위치를 지켜라

"얼마 전에 집에 불사가 있었는데, 그때 스님한테 얘기를 듣고 과연 그렇구나 하고 생각한 일이 있지. 스님 왈, 눈은 몸뚱이 위쪽에 붙었고 발은 몸뚱이 아래쪽에 달려 있다, 이것을 위(位)라고 한다. 눈이 아래 있어도 곤란하고 발이 위에 있어도 안 된다. 각기 맡은 일에 따라 적절한 장소에 있다. 그것이 위치이다. 그런 까닭에 눈은 눈이 맡은 바 일을 하고 손은 손, 발은 발이 하는 일을 한다. 이것이 직분이라는 것이다.

위에 붙어 있는 눈이나 입은 손이나 발을 위해 일하고 있는 것이 아니고, 아래에 붙은 발은 눈이나 입을 위해서 일하고 있는 것이 아니다. 눈도 입도 손도 발도 모두 몸을 위해서 일하고 있는 것이다. 모두 저마다의 장소에서 쉬는 일 없이 활발하게 일하고 있기 때문에 신체가 건강한 것이다. 손은 손, 발은 발, 눈은

눈, 입은 입, 모두 제각각의 위치에 있으면서 직분을 다하는 것이 훌륭한 것이다. 그것을 선(禪)에서는 등지(等持)라고 한다.

대강 이런 얘기였어. 나는 이거 하나 배웠구나 하고 생각했지. 회사도 그런 것이 아닐까? 부장은 위쪽에 있다. 신입사원은 아래쪽에 있다. 있는 장소에 높고 낮음은 있다. 조직상의 위치는 다르다. 그렇지 않으면 조직은 움직이지 못한다. 전무는 전무의 맡은 일이 있다. 평사원은 평사원으로서의 임무가 있다. 전무는 한 사원을 위해서 일하는 것이 아니고 사원도 또 전무를 위해서 일하고 있는 것이 아니다. 기업 전체를 위해서 일하는 것이다. 어느 쪽이 훌륭하고 훌륭하지 않은 것이 아니라, 어디 하나가 빠져도 전체가 곤란을 겪는다. 모두 열심히 자신의 위치에서 직분을 다하고 있는 일이 훌륭한 것이다. 조직에서 위아래가 없으면 질서가 잡히지 않는데, 중요한 것은 모두가 하나의 회사라고 하는 공동 운명체 속에서 더불어 일하는 사람들인 것이다. 나는 이렇게 깨달았는데 자네는 어떻게 생각하는가?"

이런 이야기는 조직과 개인의 입장을 잘 설명해주는 한 방법이다.

"아내에게 뜻밖에 표가 생겨서 음악회에 갔었지. 오케스트라의 웅장한 연주를 들으면서 문득 생각했어. 바이올린도 첼로도 그 밖의 모든 악기가 지휘봉 하나에 의해 통일되고 있다. 한 사람 한 사람은 자기가 맡은 분야에 있어서 지휘자 이상일지도 모른다. 그러나 그 훌륭한 재능의 소유자들이 지휘자의 지휘에 따라 온힘을 다 기울인다. 그렇게 함으로써 조화로운 음악이 생겨난다. 기업도 이와 마찬가지다."

각자가 모여 전체가 이루어진다. 이 역시 우두머리의 지휘 아래 총력을 집결시키는, 알기 쉬운 설득이 아닐는지?

▶ 고객의 기쁨이 곧 자기 성장이다

자기에게 이익이 되는 것이 성장이고 남에게 도움을 주는 것이 공헌이다. 일에 정진하지 않으면 자질이 향상되지 않으며 자기 성장도 정체하고 남에게 도움을 줄 좋은 방식이 생겨나지 않으므로 공헌하고 싶어도 하지 못한다.

월급을 주는 사람은 사장이 아닌 고객이다. 고객이 기꺼이 사주기 때문에 회사가 번창해서 사원들의 급여도 오른다. 고객을 우대하며 봉사 정신을 가지고 대하는 일이 고객에게 공헌하는 것이다.

어느 성공한 실업가는 말하고 있다.

"상품은 딸이다. 고객은 그 딸의 시집이다. 딸의 시집은 우리 회사로서는 사돈이다. 사돈댁과는 사이좋게 지내지 않으면 안 된다."

회사는 훌륭한 딸을 기르지 않으면 안 된다. 남의 딸과 비교하여 품격이 낮은 딸이라면 아무리 많이 길러내도 좋은 혼처는 구하기 힘들고 인정받지 못한다. 반대로 훌륭한 딸이라면 좋은 데로 시집을 간다.  그런데 시집갔으니 이제 안심이라고 내버려두어서는 또 정이 엷어진다. 물론 훌륭한 딸이니 시집에서 좋아할 것이 틀림없는 일이고 딸 자신도 열심히 생활할 것이다.

그러나 부모로서는 걱정이다. 사돈이 된 고객을 가끔 찾아가 잘하고 있는지 묻고 부탁드린다는 인사 정도는 하는 것이 당연하다. 내버려두어서는 안 된다. 서비스도 중요하기 때문이다. 이렇게 함으로써 자기 성장이 있고 다른 사람에게 공헌도 하게 된다.

▶ 능력 있는 사람을 따르라

불리하다 싶으면 외면하고 자기 주장만 내세우는 형의 젊은이를 잘난 바보라고 한다. 나서지 않아도 될 일에는 공연히 참견하고 정작 나서야 할 일에는 외면한다. 똑똑한 것 같지만 정말은 바보다.

어리숙해 보이면서 똑똑한 타입도 있다. 보통 때 자질구레한 일에는 별로 관심을 보이지 않지만 중요한 일이 있으면 열심히 일을 처리하는 형이다. 겉도 바보이고 속도 바보이면, 이거야 문제가 되지 않는다. 겉도 속도 다 영리한 형, 이거야 더 말할 나위도 없다.

어느 회사의 부장이 다음과 같은 이야기를 했다.

"중국에서 있었던 얘긴데, 어느 날 대북 반점의 경영자가 전화로 종업원을 불렀다. 그런데 몇 번이나 독촉해도 오지를 않아, 마침내 화가 나서 '몇 번이나 오라고 전화했는데 왜 안 와. 나 바빠, 빨리 와요.' 이렇게 야단을 쳤지. 그러자 그 종업원이 말했네. '용무는 당신 쪽에 있죠. 그렇다면 불러대지 말고 이리 와서 말하면 되지 않아요. 내가 볼 일이 있으면 그리 가겠습니다.

왜냐고요, 인간은 평등하니까…' 대북 반점 경영자는 어처구니없어서 웃어버렸다네. 그런데 이 얘기가 어쩌다 정부 고관의 귀에 들어갔지. 그래서 당장 두 사람을 불러서는, 대북 반점 경영자에게 고관이 이렇게 물었네. '당신은 내일이라도 이 종업원이 하는 일을 대신 할 수 있습니까?' '네, 할 수 있습니다. 나도 종업원 생활을 했으니까요.' 그는 종업원 쪽을 향해 '흠, 과연 그렇다면 자네에게 묻겠는데, 자네는 내일이라도 이 경영자가 하고 있는 일을 해낼 수 있는가?' '그건 못합니다.' '어째서?' '나는 경영자의 일을 해보지 않았으니까 무립니다.' '그래, 그렇다면 해답은 나왔네. 대북 반점의 P씨는 자네 일을 언제라도 할 수 있다고 한다. 자네는 P씨의 일은 못한다고 그러고. 그러니 P씨의 지시에 따르는 것이 당연하다. 인간의 권리는 어디까지나 평등하지만 인간은 재능의 차이도 있고 인격의 우열도 있다.'

이렇게 타이르고 그 뒤로 판단을 그르치는 자가 없도록 이 뜻을 모든 국민에게 주지시켰다는 거야. 옳은 얘기야. 이 경우에 종업원은 통하지도 않을 이치를 쓸데없이 따지는 잘난 바보가 아닐까? 사람에게는 재능과 인격의 차이가 있네. 재능과 인격이 더불어 뛰어나지 않으면 기꺼이 따라주는 사람이 없다고 하니, 이거 나 같은 사람은 겁이 나는데. 나이가 들어감에 따라 윗자리에 앉았다면 차라리 나으련만 근무한 순서로 부장직에 앉아서 그 직분에 누가 되는 것은 아닌가 하고 문득 생각하면 식은땀이 나네. 자네들, 잘 부탁한다. 나도 재능과 인격을 열심히 연마하려고는 하지만 말일세."

이 정도면 부하도 기꺼이 받아들일 것이

13

전화 화술

현대 생활에서는 전화가 중요한 연락 수단이 되고 있다. 따라서 여러 분야에서 전화는 인간관계의 발판이다. 곧 전화의 화술은 그 사람의 인격을 나타낸다. 전화는 얼굴은 보이지 않지만 당신의 마음은 볼 수가 있다.

13. 전화 화술

A. 전화를 장악하라

▶ 신입사원은 전화를 두려워한다

어느 여성 갤럽연구소에서 여사무원 7천 명을 대상으로 "입사 후 1년 반 동안 당신이 가장 고통스러웠던 일은 무엇이었나?"라는 문제에 대한 조사를 했는데 1천 5백 명이 "전화"라고 답했다.

신입사원 교육에 강사로 자주 초청 받은 Y씨는 신입사원은 언제고 한번은 전화 공포증에 시달린다고 말했다.

왜 그럴까? 왜 전화가 두려운 것일까? 흔히 "우리 집 전화료는 전부 아이들이 쓴 것입니다."라고 짜증 반 자랑 반으로 말하는 부모들이 많다. 그만큼 전화는 젊은이들의 대화에 중요한 수단이 되어 있다. 그런데도 회사에서 전화를 걸거나 받는다는 것이 두렵다는 것은 어떤 이유 때문일까?

첫째는 매우 당연한 것으로 일의 내용, 사내 규칙, 전문 용어 등에 익숙하지 못한 데서 오는 불안이다.

학생 시절의 전화 상대는 친구나 가족이 대부분이다. 그러므로 아무런 마음의 부담 없이 이야

기할 수 있었다. 그러나 회사에 들어가자 신입사원 교육에서 "바이어 입장에서 볼 때는 신입사원이나 경력사원이나 구별이 없다. 회사를 대표하는 사원임에는 차별이 있을 수 없는 것이니까." 하는 말을 듣는다. 이렇게 되면 '바이어의 전화에 실수 없이 응대할 수 있을까', '바이어에게 예의를 잊어서는 안 된다', '용건을 잘못 들어 실수하지는 않을까' 하고 여러 가지 걱정이 생기는 것이다. 전과 같은 가벼운 기분으로 전화를 받을 수가 없게 되는 것이다.

같은 부서의 직원의 이름도 잘 외우지 못했을 때 바로 곁에 사람을 두고 아무개씨 하고 큰소리로 부르며 사무실 안을 두리번거려 사람들의 웃음거리가 되는 일도 가끔 있다.

또 하나의 불안은 신입사원에 쏠리는 선배들의 기대에 대한 부담감이다. 많은 사람이 조용히 일하는 가운데서 소리를 내어 말해야 하는 전화의 응대는 새삼스럽게 주위의 선배들이 마음에 걸려 긴장하게 만든다. 머리의 피가 거꾸로 솟는 것 같은 긴장 때문에 엉뚱한 말을 하게 되고 들은 이야기마저 모두 잊어버리는 것이다.

▶ 먼저 자기를 밝힌다

"R상사입니까? 여기는 미래 상사입니다.", "R상사입니다." 하는 식으로 전화를 받는 사람이나 거는 사람이 먼저 자기를 밝혀야 한다.

어느 쪽이 전화 예의로서 보다 이상적인가 하는 문제는 현실적으로 가끔 논란을 일으킨다.

전화를 걸었을 때 상대방이 수화기를 들고도 아무 말도 않는 것을 상상해보라. 당신은 겪어본 경험이 없을지 모르나 흔히 있는 일이다.

"여보세요. 전화는 받는 쪽에서 먼저 자기 이름을 밝히는 것이 순서가 아닙니까."

"무슨 말을 하는 거예요. 전화란 거는 사람이 먼저 어디냐고 확인하는 것이 예의잖아요." 이처럼 서로 거친 대화가 오고간다.

이것은 사람에 따라 견해가 다르겠지만 사회적인 약속으로서 정해두는 것이 좋다. 이런 경우 대개는 전화를 받는 편에서 "홍길동입니다." 하고 밝히는 것이 일반적인 예의이다.

거는 사람이 먼저 "R상사입니까?" 하고 확인하게 되면 받는 사람은 "네, 그렇습니다." 한다든지 "R상사입니다."라거나 "아닙니다. 잘못 거셨습니다." 하고 응답해야 할 것이다. 그러나 받는 사람이 "R상사입니다."라고 먼저 밝히면 "R상사입니까?"라고 묻는 수고를 덜게 되니 받는 사람이 먼저 자신을 밝히는 것이 편리하다고 할 수 있다.

이제는 대부분 받는 편이 먼저 자기를 밝히고 있지만 아직도 여전히 서로 "여보세요."를 연발함으로써 시간 낭비를 하고 있으며, 상대방을 확인하기 전에는 절대로 자기를 밝히려 들지 않는 경향이 있다.

"R상사입니다."라고 먼저 밝히는 것은 좋으나 "무슨 일이신데요?"라고 한다면 모처럼의 배려에 본전도 못 찾게 만든다. 무슨 일이냐는 말은 매우 불쾌하다. 받는 사람이 그렇게 말하면 거는 사람도 "일이 있으니까 걸었을 것 아니오." 하고 말해주고 싶은 것이다.

우리 주변에서 흔히 볼 수 있는 예를 들어보자.

"335국에 ××××번입니까?"

"네."

"335국이 틀림없습니까?"

"맞습니다."

"그렇다면 사장님 좀 바꿔주세요."

"누구시죠?"

"네 홍길동입니다."

"무슨 일이신데요?"

"좀 드릴 말씀이 있어서요."

"저한데 말씀하시면 안 되나요?"

"사실은 이런저런 이야깁니다만."

"네, 그런데, 지금 사장님이 마침 자리에 안 계시는데요."

이런 모순이 되풀이되지 않도록 먼저 자신을 밝히는 것이 좋다.

▶ 잘못 걸려오는 전화도 부드럽게 받아라

전화는 현대 생활에서 빼놓을 수 없는 문명의 이기이다. 전화의 중요성과 고마움은 전화가 고장났을 때 잘

알 수 있다. 그러나 때로는 곤란한 일을 당할 때도 있다.

"여보세요."

"할멈이요?"

"네?"

"밤이 깊었는데 뭘 하는 거예요? 빨리 오지 않고…."

"여보세요. 저…"

"발목도 시원치 않으면서… 늙은이가 밤길은 조심해야 되오."

할머니의 귀가를 기다리는 어느 할아버지가 성급하게 걸어온 전화이다.

뒤늦게 실수를 알아차리고 사과하는 상대에게 이렇게 하면 어떨까.

"아직 열시 전입니다. 곧 무사히 돌아오실 것입니다. 너무 걱정하지 마세요."

잘못 걸려온 전화는 물론 거는 쪽에 책임이 있는 것은 사실이다. 그러나 "잘못 걸었습니다." 하고 딱 끊는 것보다는 겸연쩍어하는 상대방 입장을 고려해서 대화한다면 서로가 기분 좋게 처리할 수 있다.

"여보시오. 여기는 ××회사요. 꾸물거리지 말고 끊어요." 하고 제법 대담하게 자기 소재를 밝히는 사람도 있다. 이렇게 되면 "뭐야…" 하고 서로 불쾌한 대화가 오가게 되어 결국 ××회사란 사원 교육이 엉망인 회사라는 나쁜 인상을 주게 된다.

이와 반대로 "잘못 거셨습니다. 여기는 ××회사입니다만…" 하고 부드럽게 대답하면 잘못 건 데 대해 미안하고 상대방의 친절에 더욱 고맙게 생각되어 ××회사라는 곳에 호감을 갖게 될 것이다.

잘못 걸려온 전화를 PR의 기회로 이끄는 영리한 센스가 바람직하다.

▶ 통화 중에 끊어질 때는 이렇게 하라

통화 도중에 전화가 끊어질 때는 어느 쪽에서 다시 걸어야 하는가. 이것 역시 사회적 약속으로 정해두지 않으면, 동시에 서로 전화를 걸어 통화가 이루어지지 않을 수 있다.

이것은 전화를 먼저 건 편에서 거는 것이 마땅하리라 생각한다. 용무가 있어서 전화를 건 것이니 만큼 도중에서 끊겨버린 경우에는 마저 하지 못한 말을 전해야 하는 것은 역시 용무가 있는 쪽일 테니까. 그러나 손윗사람의 전화라면 손아랫사람이 다시 거는 것이 좋다.

통화 중에 전화가 끊어지고 다시 통화가 이루어졌을 때는 "전화가 끊겼는데요. 실례했습니다." 하고 정중하게 사과하는 태도가 필요하다.

또 어떤 회사에서는 걸었든 걸려왔든 관계없이 통화 중에 끊기면 그 회사에서 상대방의 다른 전화번호에 다시 걸기도 한다. 이것은 상대방을 존중하는 태도이다.

그러나 이 방법은 상대방을 다른 자리에서 전화를 받게 만드는 수도 있다.

B. 전화기를 상대방으로 생각하라

▶▶ 마음에서 우러나는 목소리로 말하라

"예 그렇습니까, 대단히 죄송합니다…" 하고 말하면서 전화기 앞에서 꾸벅꾸벅 절을 하는 사람이 있다. 당신은 아마 웃을지도 모른다.

당신은 이렇게 말할 것이다. 전화란 단순한 말소리의 전달일 뿐 모습은 서로 볼 수가 없다. 그런데도 전화통에 대고 굽실굽실한다는 것은 쓸데없는 짓이라고.

그러나 그것은 자기 합리화의 주장이지 사실은 그렇지 않다. 소리는 마음의 울림이다. 같은 사람의 소리도 그때의 감정이 민감하게 상대에게 전달된다.

"TV에서 이야기할 때 자네는 적을 노려보는 듯한 눈에다 어느 모로 뜯어보나 누구든지 덤비려면 덤비라는 식의 빈틈없는 모습이었고, 무도의 요령을 터득하고 있다고 감복했었는데 지난번 자네의 이야기를 라디오에서 들었을 때는 그다지 좋은 자세는 아니었다네."

이 말은 궁도의 권위자 한 분이 어느 정치 평론가의 자세를 신랄하게 비판한 말이다.

이 말을 들은 정치 평론가는 깜짝 놀랐다는데, 그는 분명히 라디오 방송 때 마이크 앞에서 턱받침 자세로 지껄였다는 것이다.

전화에 익숙한 사람이라면 상대의 통화 태도를 눈앞에 보듯이 알 수 있다. 육안으로 볼 수 없지만 감각으로 훤히 내다볼 수 있다.

시각을 잃은 맹인은 청각이 대단히 예민하다고 하지만 전화의 경우도 마찬가지다. 수화기에 귀를 기울이면 모든 신경이 그곳에 집중하여 청각 기능은 최대한의 작용을 한다.

상대가 어떠한 태도로 통화하고 있는지는 호흡이나 말소리, 이야기 속에 미묘하게 뒤섞여서 전해지므로 듣는 이의 머릿속에 뚜렷이 떠오르는 것이다.

C. 하찮은 단어에도 신경을 써라

▶ 사투리나 외래어의 사용을 억제하라

우리나라에는 여러 가지 방언이 있다. 특히 제주도 방언은 매우 알아듣기 힘들다. 방언의 예를 들자면 한이 없겠지만 가령 서울에서 '부추'라 부르는데 경상도에서는 '정구지', 전라도에서는 '솔'이라고 부른다.

그 음은 서로 매우 틀리다. 하나의 식물을 가지고 각각 이렇게 달리 부른다.

제주도에 있는 지사 직원이 서울에 왔다. 모처럼의 상경이어서 본사 직원 몇 사람과 어울릴 양으로 다음과 같이 초대 전화를 했다.

"이부장님, 제주도에 살다보니 정말 죽을 지경입니다. 아이들 교육 문제도 그렇고…, 그건 그렇고 오늘 저녁에 독 안주해서 소주나 한잔 합시다."

"뭐, 독? 독이라고?"

"네."

"아냐, 나는 지금 배탈이 나서 안 되겠네. 사양하겠어."

이부장은 제주지사 B직원이 자기 때문에 제주도로 가게 된 줄로 곡해하고 있다는 말을 일찍이 듣고 있었던 터라, 그렇지 않아도 경계하고 있었던 것이다.

'이놈이 기어코 나를 죽이려는 모양이군' 하고 생각하니 오싹 소름이 끼쳤다. 그래서 모처럼의 초대이기는 하나 배탈을 핑계삼게 되었다.

"웬만하면 같이 가십시다. L과 T도 동반합니다만…"

'독'이란 '닭'의 제주도 방언이다. 제주도에서는 '말'을 '몰'이라고 부르는데 표준말만을 써온 사람으로서는 알아들을 수 없는 말들이 많다.

B씨가 이부장을 놀리려고 일부러 꾸며낸 이야기인지는 모른다. 어쨌든 일반 대화도 그렇지만 전화상의 대화는 특히 표준어를 사용해야 할 것이다.

외래어도 한자와 같이 자기만 알고 상대편에서는 그 뜻을 정확히 알 수 없는 것이 많다. 듣는 사람이 되묻기가 미안하고, 또 이쪽의 교양 정도가 드러나게 되리라는 생각에 모르면서 아는 체하는 경우가 있다.

또 일반적으로 사용되는 외래어도 여러 가지 뜻이 있는 경우가 있어

그저 듣고만 있다가는 예기치 못한 잘못을 범할 경우가 많다.

예를 들면 '프로'라는 약어가 있다. 이것은 프로페셔널(professional)의 약어로 널리 통용된다.

또한 '프로'는 프로그램(program)의 약어로도 널리 쓰이기 때문에 혼란을 일으킬 우려가 있다.

▶ 직업어나 전문어 사용을 억제하라

외부 사람은 방송국이나 영화사 같은 곳에서 사용하는 전문어가 무엇을 뜻하는 말인지 알아들을 수 없다.

'1카메'니 '큐'니 '카니판'이니 하는 말들이 그렇다. '1카메'는 제일 카메라, '큐'는 신호, '카니판'은 옆으로 이동하라는 뜻이다.

백화점 등에서도 판매원끼리 무슨 암호 같은 소리를 하는데 손님들은 알아들을 수가 없다. 또 대학생들은 일반인들이 알아듣지 못하는 은어를 계속 만들어 자기들만의 공통어로 쓰고 있다.

인쇄소, 공사장 심지어는 소매치기들까지 자기들끼리의 공통 용어를 사용하고 있다. 직업어, 전문어는 사내 업무를 정확·신속하게 수행하기 위해 만들어진 말들이다. 동시에 외부 사람이 이야기의 내용을 알아듣지 못하게 할 때에 유리하다.

그러나 직업어, 전문어는 어디까지나 사내어다. 직업어, 전문어는 가능한 한 동업자 사이에서만 사용할 일이다. 외부인에게는 사용하지 않는 것이 예의이다. 때에 따라서는 오해의 원인이 된다든지 상대방에게 불쾌감을 주게 된다.

▶▶ 쓸모 없는 말은 하지 마라

혼돈하기 쉬운 동음어, 유사어, 의미 불명의 방언, 외래어, 사내어 외에도 특히 조심해야 할 것이 쓸모 없는 말이다.

어느 작가가 친구와 만나 여관에서 이야기를 하다가 꽤 늦은 시간이 되었다.

"지금 몇 시냐?"고 여관의 종업원에게 물었다. 종업원이 "저어, 열한시입니다."라고 답했다. 그러자 그는 "열한시면 열한시지 저어는 뭐냐?"고 나무랐다는 것이다.

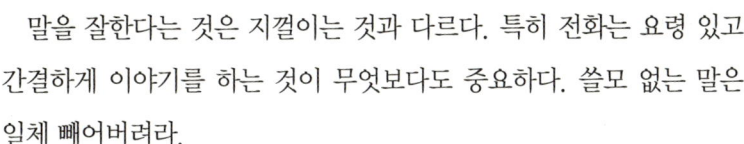

말 안 해도 될 것이 어쩌다가 입에서 튀어나와 당황하여 입에 손을 갖다대는 경우는 전화 통화 중에도 일어날 수 있다.

말을 잘한다는 것은 지껄이는 것과 다르다. 특히 전화는 요령 있고 간결하게 이야기를 하는 것이 무엇보다도 중요하다. 쓸모 없는 말은 일체 빼어버려라.

D. 경어는 간추려 사용하라

▶▶ 지나친 경어는 금하라

"사장님이시옵니까. 저는 서소문 지점 홍길동올습니다만 저 먼젓번 말씀 올린 것이온데요……"

이쯤 되고 보면 중대한 용건에 들어가기 전에 이렇듯 지껄이고 있는 본인도 정신이 혼란해지고 말 것이다. 듣고 있는 상대방도 '어지간히 해두오'라는 말이 튀어나올지 모른다. 경어에 너무 신경을 쓴 결과 생각까지 혼란해지고 만다.

유치한 말이라는 게 따로 있는 게 아니지만 너무 경어를 쓰다보면 '선생님 대갈님에 검불님이…' 하는 우스운 말까지 나올지도 모른다.

전화의 경우는 원칙적으로 말을 간략하게 해야 하는 것은 물론이지만 지나친 경어는 피해야 할 것이다. 왜냐하면 이야기가 장황하게 되면 통화의 능률이 떨어지기 때문이다.

이렇듯 정중해야 할 것인가, 능률을 올려야 할 것인가를 비교해볼 때 비즈니스 전화에서는 물론 능률을 취해야 할 것이다. 그것이 결과적으로 이익이 된다.

E. 당신의 전화 화술은 몇 점짜리인가?

▶ 타인은 자신의 거울이다

비즈니스에 전화는 빠질 수 없는 중요 부품이다. 그러므로 전화의 화술이 중요하다는 것은 익히 잘 알 것이다. 좋은 전화 화술은 회사를 발전시키고 자기 자신의 승진의 길을 열어준다.

그러므로 '과연 나 자신의 전화 화술은 어떤가' 하고 한번 생각해보는 것도 뜻깊은 일이다.

'남을 보고 깨달아라' 는 말이 있다. 전화를 걸거나 받을 때의 태도를 보면 그 사람의 결점을 잘 알 수가 있다.

또한 당신의 전화 화술을 친구나 동료에게 부탁하여 평가받을 것을 권한다. 물론 부탁할 사람은 신뢰할 수 있는 사람, 객관적으로 솔직하게 말해줄 사람이 좋다.

또 흉허물없이 부탁할 수 있는 거래처가 있다면 그곳에 부탁해보는 것도 좋을 것이다. 그것은 자기 회사는 지금껏 거래처에 대해 전화 응대에 신경을 쓰고 있다는 것을 PR하는 기회가 되기 때문이다.

▶ 성의 있는 인사 전화

만약 당신이 승진하여 전근을 하게 되었다고 하자.

'이번 승진된 사람은 어떤 사람일까', '부산에서 전근해온 과장은 어떻게 생겼을까' 하고 사내외에서 의외로 관심을 갖게 된다.

그러나 전근해온 사람의 입장에서는 수많은 사람을 일일이 찾아다니며 인사를 할 수는 없을 것이다. 그렇다고 안 할 수도 없고, 이 경우에 가장 적절한 방법은 바로 인사 전화이다.

새로운 상사를 맞는 부하 직원의 입장에서도 마찬가지다. 낯선 곳에 부임하여 무언가 서먹하던 기분이 의외의 전화를 받게 되면 마음도 가벼워질 뿐 아니라 상사와 부하의 신뢰도 굳어지게 된다. 그러나 이러한 인사 전화도 타이밍이 맞지 않으면 그 효과를 기대하기가 어렵다. 인사 전화의 가장 중요한 점은 타이밍에 있다.

미국 로빈스 사의 메이어스 씨는 뉴잉글랜드에서 출장을 마치고 뉴욕으로 돌아오는 도중 차 속의 라디오에서 캐나다의 몬트리올에 있는 셀 석유회사의 정유 공장에 화재가 발생했다는 뉴스를 들었다. 시각은 아침 6시, 메이어스 씨는 급히 차를 거리의 전화박스 앞에 세웠다.

그는 셀 석유회사에 위로 전화를 하고 공장 재건에 무엇이든 도와줄 일은 없는지 물었다. 석유회사에서는 그의 센스 있는 행동에 감탄하였고, 또 그의 위로 전화에 크게 감동했다. 그 결과 메이어스 씨는 즉석에서 주문까지 받을 수 있었다. 메이어스 씨는 그 자리에서 곧장 자기

회사 창고에 연락을 했다.

그 결과 오전 9시까지는, 즉 라디오의 뉴스를 듣고 3시간 후에는 대량의 호스가 몬트리올을 향해 보내졌다. 그뿐만 아니라 추가 주문도 쇄도하여 이것 역시 즉각 필라델피아, 시카고, 버팔로의 각 창고에서 일제히 보내졌다.

남보다 좋은 인간관계를 만드는 인사 전화는 가족이나 동료, 거래처의 아는 사람 등 그 대상도 넓고 생일, 출산, 승진 등 그 기회 또한 매우 많다.

"부장이 되셨다면서요. 축하합니다. 역시 선생 같은 분은 회사에서도 그냥 두지 않을 것입니다. 활약을 기대하고 있습니다."

"그런데 K씨는 이번에도 또 승진을 못했다면서요. 당신은 재주가 좋으니까."

후자의 전화는 역효과다. 차라리 안 하니만 못하다. 대개는 좋은 말이든 나쁜 말이든 이런 때에 경쟁자에 관한 말을 듣는다는 것은 기분 좋은 일이 못된다.

'여성의 치마와 인사는 짧을수록 좋다'고 하는 말이 있다. 축하인사도 짧을수록 좋다. 인사 전화는 꼭 축하 전화나 문안 전화만이 아니다. 섭외 관계나 판매 관계로 인사 전화를 하는 것도 좋은 인상을 주기 위해 꼭 필요하다.

처음에는 방문하여 얼굴을 익혀야 하지만, 그 뒤 타이밍을 노리고 있다가 전화를 걸고 기대한 바의 목적을 위하여 접근해야 한다. 상대는 바쁜 몸이니 방문이 너무 빈번하게 되면 도리어 역효과를 낳고 만다.

▶ 무리한 부탁은 하지 마라

　의뢰 전화는 용건, 시간을 정확하게 전하고 상대방에게 그것을 잘 이해시켜야 한다.
　그런 다음에 상대방이 의뢰에 응해줄 것인지 아닌지 그 여부를 분명히 해둘 일이다. 나의 뜻이 기필코 상대방의 형편과 일치한다고는 단정할 수 없다. 경우에 따라서는 조건부로 수락해줄 때도 있다 이 점을 명확하게 해두지 않으면 뒤에 일이 어긋난다든지 하여 문제가 발생할 수도 있다.
　남에게 일을 부탁하는 것이므로 생떼를 쓰는 것 같은 태도는 절대 안 된다.

▶ 연락 전화는 정확 간결하게

　개인적인 일로 외출하여 용무를 마쳤을 때는 그곳에서 우선 전화로 회사에 보고한다. 스피드가 생명인 비즈니스에서 부재 중에 걸려온 전화의 용건으로 그 길로 다음 장소에 갈 것을 지시할 수도 있다.
　또 이러한 경우도 있다. 기상 조건이 극히 나빠 비행기는 뜨지 못한다. 도로는 하천의 범람 때문에 자동차도 다닐 수 없다. 토사가 무너져 기차도 운행 정지다.

풍수해가 잦은 한국에서는 멀리 떨어진 거래처에 납품할 때 이런 사정 때문에 보내지 못할 경우도 흔히 있다.

거래처에서도 운송 도중에 사고는 없을까 걱정하고 있다. 이런 때에 상대편으로부터 문의 전화를 받기 전에 먼저 이쪽에서 전화를 걸어야 한다. 그리고 보낼 수 없었던 사정을 설명하고 늦어진 것에 양해를 얻도록 해야 한다. 상대편도 동정하여 추가 주문을 줄 것도 충분히 생각할 수 있다.

연락 전화는 먼저 누구에게 연락할 것인가가 명확하지 않으면 안 된다.

전화의 상대가 당사자가 아닌 경우에는 그 사람의 이름을 분명히 알아놓고 틀림없이 전달해줄 것을 부탁한다.

▶▶ 거절 전화는 확실하게 하라

직접 만날 때보다 전화로 말하기 쉬운 용건은 아마 부탁에 대한 거절을 말할 때일 것이다.

거절한다는 것은 쉬운 일이 아니기에 전화라면 얼굴이 보이지 않으므로 용기가 날 수도 있을 것이다.

그러나 얼굴이 보이지 않는 이점만으로 전화로 무분별하게 거절하는 것은 상대편을 가볍게 취급하고 있기 때문이 아닐까.

물론 의뢰나 권유 등의 전화를 받고 그것을 거절할 경우에는 말씨나 화술에 특히 신경을 쓸 필요가 있다.

다른 부서에서 조사 의뢰가 온 경우 '지금 바빠서'라고 말하면 '바쁜 것은 서로 마찬가지'라는 생각에서 감정이 생긴다. 이 '바빠서'라는 말을 입버릇처럼 사용하는 사람이 있지만 비즈니스맨으로서는 실격이다. 당사자는 아주 당당하게 말하지만 상대방은 마음속으로 '아주 무능력자임에 틀림없다'고 생각할 것이다.

바쁜 것이 사실이더라도 교묘한 화법이나 뛰어난 연기에 의하여 상대방의 이해를 얻으면서 거절해야 한다.

'말 한마디로 천냥 빚을 갚는다'는 말은 이 거절 전화에서 명심할 일이다. 그렇다고 모호한 대답이어서는 안 된다. 거절의 의사가 명확하게 상대방에 전해지지 않으면 안 된다.

흔히 있는 일이지만 혼담 같은 예에서 볼 때 더욱 그러하다. 우리나라 사람은 일반적으로 분명히 거절할 줄을 모른다. 야무지게 거절하지 못하는 것을 일종의 미덕으로 생각하고 있는 모양이다.

우리들은 한 걸음 나아가 상대방의 입장을 생각해주어야 한다. 거절이 분명하지 않으니까 상대방은 아쉬움이나 기대를 갖고 있는 것이다.

때로는 오해하여 문제가 되는 경우도 있다. 이 정확하지 못한 태도는 미덕이 아니라 악덕이다. 쌀쌀하게 거절한다는 것이 너무나 냉혹한 것 같아서 흔히 "생각할 여유를 주십시오."라든가 "고려하겠습니다"라며 시간을 끈다. 이런 언어는 상대방에게 뭔가 미련을 갖게끔 만든다.

그러나 언제까지나 애매하게 해서는 안 되는 일이므로 언젠가는 확답을 하지 않으면 안 된다. 이것은 양쪽에 시간 낭비만 초래한다.

▶ 불만 전화도 정중하게 받아라

처음부터 고함을 지른다든지 싸우겠다는 태세로 불만을 말해오는 전화를 이쪽에서 어떻게 받느냐에 따라 그 상황은 달라진다. '오는 말이 고와야 가는 말이 곱다'는 말도 있듯이 감정에만 치우치면 불만은 제대로 처리할 수 없다.

그렇다고 어떤 불만이든 당연하다고 여겨 오로지 사과만 하는 비굴한 태도로는 문제가 해결되지 않는다.

불만의 원인에는 상품 자체에 결함이 있는 것과 수송이나 판매 과정에서 잘못으로 일어나는 것 등 두 가지로 생각할 수 있다. 제품에 대한 불평은 제품의 질이나 회사의 서비스를 진단해주는 정확한 진단서라고 말할 수 있다. 이것을 바탕으로 하여 개선해나갈 만한 여유를 가진 응대가 바람직하다. 아침에 출근하자마자 시끄럽게 잔소리를 듣는다는 것은 견디기 어려운 일이지만 "결코 그럴 리가 없을 것입니다." 하

고 부정적으로 응수해서는 기업의 장래를 보장받을 수 없다.

　가능하다면 상대편으로 하여금 세밀하게 구체적으로 말하게 하며, 만약 같은 문제의 전화를 여러 번 받는다 하더라도 항상 새로운 문제처럼 귀를 기울여야 한다. 손님이 한 말을 끝내기도 전에 "아, 이러이러한 말씀이군요."라고 해서는 "알고 있으면서 왜 그따위 짓을 하는 거요!" 하고 도리어 상대를 화나게 할 뿐이다. 자기로서는 두 번 이상 경험하는 일이라 할지라도 손님 입장에서 볼 때는 처음이며 그것이 전부일 경우도 많다.

　상대편으로 하여금 불평을 모두 말하게 하는 것은 마음에 품은 화를 발산시키는 효과가 있는 것이다. 말을 않는다는 것은 화가 치밀어 속이 끓고 있기 때문'이므로 잠자코 있던 것을 모두 말해버리게 하면 노여움도 사라지게 되는 이치이다.

　그 외에 사정이 달라져 산 상품을 반품하고 싶어서 있는 일 없는 일 집어들어 불평을 말해오는 사람이 있다. 이러한 경우라도 고객을 화나게 하는 말을 해서는 안 된다. 언제나 고객 측에 서서 해결하려는 방향으로 이끌어가야 한다.

▶▶ 약속을 어길 시에는 분명하게 말하라

　"이봐! 자장면 시킨 거 어떻게 된 거야." 기다리다 지쳐서 재촉하면

"네, 곧 가요." 한다. 바로 가져올 줄 알고 있으면 또 기다리게 한다. 중국집에서 흔히 경험하는 일이다. 그때만 면하려는 말로써 마음을 상하게 하는 이러한 방법은 낡은 상술로서, 도리어 화를 부채질한다.

그것보다도 "죄송합니다. 앞으로 3분만 기다려주세요…" 하고 분명히 말하는 것이 좋다.

주문한 물건이 약속한 시간이 되어도 도착하지 않는다. 의뢰한 용건에 대한 회답이 기한이 되어도 오지 않는다. 비즈니스에 있어서 재촉 전화가 걸려오는 것은 이런 때이다. 그래서 상대방은 감정을 노출하여 이쪽의 잘못을 추궁해온다. 이러한 전화를 받았을 때 상대편에게 끌려서 같이 감정을 노출하면 주문은 취소되고 앞으로의 거래도 불가능하게 될 것이다. 이쪽에서는 약속을 지키지 못한 잘못이 있다. 잘못은 잘못으로 인정하며 사과하지 않으면 안 된다. 그리고 이쪽의 사정, 이를테면 늦어진 이유를 상대방에게 밝혀야 한다.

이미 늦어진 사실은 돌이킬 수 없는 일이다. 그러므로 사정을 설명한 다음에는 차선책을 설명해주어야 한다. 차선책이라 함은 그 약속은 언제 다시 이행될 것인가를 새로이 약속하는 일이다. 약속을 위반한 대가로서 무엇인가를 더 첨가한 서비스를 제안할 수 있으면 더욱 좋다. 단지 사과 일변도로 나간다든지, 그 자리만 피하기 위해 무책임한 말로 빠져나가려는 것은 가장 나쁜 태도이다.

전화로는 특히 그러한 때에 즉석 변명으로 흐르기 쉽다. 그러나 그 결과는 곧바로 화가 되어 돌아온다. 그것도 최악의 결과를 수반하면서.

F. 전화는 좋은 중매쟁이

▶ 전화는 곧 자기 분신이다

전화 통화가 인연이 되어 결혼하게 되었다는 이야기를 가끔 듣는다. 장희정 양은 한 회사의 서울 본사에 근무하고 있었다.
어느 날 부산의 거래처에서 전화가 걸려왔다.
"안녕하세요, ××과의 장희정입니다."
"차영후 씨 좀 바꿔주십시오."
"네, 알았습니다, 차영후 씨라고 하셨지요. 그런데 실례이지만 누구라고 말씀드릴까요? 네, ××회사의 김사장님이시라고요. 잠깐 기다려주세요. 매우 오래 기다렸습니다. 차영후 씨를 바꿔드리겠습니다."

김사장은 볼일에 관한 이야기가 끝난 뒤
"지금, 전화를 받은 아가씨가 누구죠?"
하고 물어왔다. 이것이 인연이 되어 부산의 김사장은 장희정 양과 알게 되었고, 4개월간 교제 후 결혼식을 올렸다. 김사장은 중요한 거래처 사람이었다. 장희정 양은 전화 한 통화로 자기의 인생을 개척한 셈이 된다.

마침 사업에 대한 문의를 했더니, 전화를 매우 친절하게 받았기 때문에 그 회사의 단골 거래자가 되었다는 예도 있다. 반대로 귀중한 고객을 놓쳤다는 경우도 있다. 전화 통화는 우리들 생활 속에 더욱 더 중요한 자리를 차지하게 될 것이다. 현대의 조직 활동은 창구를 중심으로 움직이고 있으며, 조직이 외부에 대해서 열고 있는 창문은 전화라고 할 수도 있다. 옛날엔 일이 서투르면 전화나 받으라고 사원에게 말했다. 현재는 그 조직에서도 유능한 사람의 책상 위에 전화가 배치되어 있다. 전화의 중요성을 인식하게 되었기 때문이다. 이렇듯 전화는 외부에 대하여 회사나 그 집단의 이미지에 관한 중요한 위치를 차지한다.

그럼 이 전화 대화를 능률적으로 하자면 어떻게 해야 할까? 전화 대화는 얼굴을 마주 보고 대화하는 것과 본질적으로 다를 게 없지만, 기계를 통한 대화라는 데 큰 차이가 있다.

(1) 전화 대화의 특징

① 목소리만의 대화이다 – 목소리만 듣고도 곧 알 수 있는 말을 써야 한다. 특히 숫자의 잘못이 생기지 않도록 주의한다.

② 일방적인 성질이 있다 – 상대의 형편을 생각해가며 전화를 건다. 밤늦게나 아침 일찍은 피하는 것이 좋다.

③ 공공성이 강하게 요구된다 – 누구에게, 무엇을, 어떻게라고 메모를 미리 준비하면 능률적으로 걸 수 있다.

(2) 전화 대화에서 조심할 일

① 태도를 조심한다. 눈에 보이지 않더라도, 그 태도는 말투로 상대방에게 반드시 전해진다.

② 듣고 있다는 증거를 나타낼 것. 보이지 않으니 만큼 맞장구를 쳐

가면서 이야기를 해야 한다. 잘못 걸린 전화는 정중히 처리한다.
　③ 전화를 받으면서 다른 사람과 잡담하지 말 것. 최근의 전화기는 감도가 좋기 때문에 근처의 말소리까지 들린다.
　④ 제3자가 듣고 있다는 사실을 잊어서는 안 된다.
　⑤ 상대편이 보이지 않으므로 말투에는 더욱 조심한다.

(3) 전화 거는 구체적인 법
　① 걸기 전에 번호를 확인하고, 상대편이 받으면 자기의 소속과 이름을 먼저 알려주고 틀림없이 통화하고자 한 사람을 말하도록 한다.
　② 상대편이 나왔다면 용건을 미리 알린다.
　③ 끝나면 대화 내용을 요약하고 다시 확인한다.
　④ 수화기는 조용히 놓는다.

(4) 전화 받는 법
　① 원칙으로서 왼손에 수화기, 오른손에 메모 준비를 한다.
　② 전화를 받았다면 이쪽의 이름(회사명, 과 등)을 댄다.
　③ 이쪽의 용건은 상대의 말이 끝나고 나서 하도록 한다.
　④ 메모 후 이야기가 끝나면 메모내용을 상대방과 다시 확인한다.
　⑤ 메모는 상대의 책상 위에 놓고, 나중에 직접 연락의 다짐을 받으며 책임을 완수한다.
　⑥ 감정적이 되는 일이나 복잡한 설명 따위는 문서로 대신한다.